网络营销与直播电商
新形态系列教材

U0683901

直播电商平台运营

INTERNET 微课版 MARKETING

许耿 孙杏桃 /主编

冉雪娅 万佳迪 刘阳/副主编

人民邮电出版社
北京

图书在版编目（CIP）数据

直播电商平台运营：微课版 / 许耿，孙杏桃主编
. -- 北京：人民邮电出版社，2024.1
网络营销与直播电商新形态系列教材
ISBN 978-7-115-62432-1

Ⅰ. ①直… Ⅱ. ①许… ②孙… Ⅲ. ①网络营销－教
材 Ⅳ. ①F713.365.2

中国国家版本馆CIP数据核字(2023)第144780号

内 容 提 要

本书全方位、多角度地介绍了进行直播电商平台运营必须掌握的各种知识和实战技能。
本书共 7 章，具体内容包括直播电商和直播运营、直播运营的前期准备、直播电商活动与运营、淘宝直播、抖音直播、小红书直播、快手直播等。

本书提供 PPT 课件、教学大纲、电子教案、习题参考答案等资源，用书教师可登录人邮教育社区免费下载。

本书可以作为电子商务、新媒体、直播电商、市场营销等专业相关课程的教材，也可以作为直播电商行业从业人员的参考书。

◆ 主　编　许　耿　孙杏桃
　　副主编　冉雪娅　万佳迪　刘　阳
　　责任编辑　孙燕燕
　　责任印制　李　东　胡　南
◆ 人民邮电出版社出版发行　　北京市丰台区成寿寺路 11 号
　　邮编　100164　电子邮件　315@ptpress.com.cn
　　网址　https://www.ptpress.com.cn
　　大厂回族自治县聚鑫印刷有限责任公司印刷
◆ 开本：700×1000　1/16
　　印张：12.5　　　　　　　　　2024 年 1 月第 1 版
　　字数：263 千字　　　　　　 2024 年 12 月河北第 4 次印刷

定价：49.80 元

读者服务热线：(010)81055256　印装质量热线：(010)81055316
反盗版热线：(010)81055315
广告经营许可证：京东市监广登字 20170147 号

前 言
PREFACE

党的二十大报告指出："教育、科技、人才是全面建设社会主义现代化国家的基础性、战略性支撑。必须坚持科技是第一生产力、人才是第一资源、创新是第一动力，深入实施科教兴国战略、人才强国战略、创新驱动发展战略，开辟发展新领域新赛道，不断塑造发展新动能新优势。"这为推动当下和未来一段时间内我国科教及人才事业的发展、构建人才培养体系指明了基本方向。

我国直播电商起步于2016年淘宝直播上线。从2016到2023年，我国直播电商行业经历了生长期、火爆期、冷静期和成熟期等几个阶段。目前，直播电商已成为商品销售及品牌营销的重要形式之一。淘宝直播、抖音、快手、小红书等平台纷纷开通了直播功能。

另外，作为我国数字经济建设的积极参与者，各大直播平台正在成为年轻人的就业着力点。直播电商行业巨大的人才需求、广阔的发展前景，对即将踏入工作岗位的高校毕业生产生了极大的吸引力。而直播电商平台运营是直播电商行业从业人员必备的一项技能。为满足直播电商行业的需求，越来越多的高校开设了"直播电商平台运营"相关课程，基于此，编者编写了本书。

本书立足于当前直播电商行业的新发展和新趋势，系统地介绍了直播电商平台运营的相关知识与技能，并基于对淘宝直播、抖音、快手、小红书等主流直播平台的介绍和实际操作等，帮助读者全面掌握在不同直播平台进行直播电商平台运营的方法，提高其直播电商平台运营的能力。

本书特色如下。

1. 内容全面，结构合理

本书在阐述直播的基本知识的同时，对如何做好直播前的准备、直播电商活动与运营、选品，以及各主流直播平台的实操等做了全面介绍，方便读者解决在直播电商平台运营中遇到的痛点与难点。

2. 能力与素养并重

本书紧跟时代发展的步伐，深入贯彻党的二十大精神，落实立德树人根本任务，设置了"素养提升"板块，融入遵纪守法、职业道德、行为规范、诚信经营、民族自信、文化自信、法治精神等内容，引导读者形成正面的世界观、人生观和价值观，激发读者的爱国主义情怀，着力培养德、智、体、美、劳全面发展的具有直播电商平台运营技能的人才。

3. 形式新颖，模块丰富

本书除正文内容，还精心设置了教学目标、小提示、知识窗、课堂讨论等板块，帮助读者从多角度掌握书中的知识。

4. 案例丰富，注重实训

本书结合淘宝直播、抖音、快手等平台的具体直播案例，深入剖析了直播电商平台运营的策略，帮助读者快速掌握直播电商平台运营的技巧；另外，从实用角度出发，还介绍了许多直播电商平台运营的操作方法，且每章配有任务实训，方便读者学以致用。

5. 资源丰富，支持教学

本书提供丰富的立体化教学资源，书中重难点知识配有微课视频，读者扫描对应的二维码即可观看。同时，本书还提供教学PPT课件、习题参考答案、教学大纲、电子教案等资源，用书教师可登录人邮教育社区（www.ryjiaoyu.com）免费下载。

本书由许耿、孙杏桃担任主编，冉雪娅、万佳迪、刘阳担任副主编。在编写本书的过程中，编者借鉴了大量国内外社群营销领域学者的文献、专著和教材等资料，在此表示感谢。

由于编者水平有限，书中难免存在疏漏之处，因此编者由衷地希望广大读者和学者不吝赐教。

编者

2023年6月

目　录
CONTENTS

3

第1章

直播电商和直播运营

　　直播电商是直播行业与电商行业的有机融合，集专业选品、商品直观展示、购物现场实时互动等优势于一体，为消费者带来了优质的购物体验。本章主要包括初识直播电商、直播电商产业链、直播运营、主流直播平台、直播电商团队的组建等内容。

【教学目标】

知识目标	☑ 熟悉直播电商的定义和模式
	☑ 熟悉直播电商的定位
	☑ 熟悉直播电商产业链
	☑ 熟悉主流直播平台
技能目标	☑ 掌握直播电商的三要素
	☑ 掌握直播运营团队的组建
	☑ 掌握直播运营风险防范措施
素养目标	☑ 具备直播行业的基本职业道德

1.1 初识直播电商

微课视频

初识直播
电商

　　直播电商已经深入千家万户，成为广大商家创新运营的利器。直播电商能够为消费者提供更好的购物体验，并极大地提高商品销量，因此越来越多的商家和个人瞄准了直播电商这个风口。

✎ 课堂讨论

　　说一说你所理解的直播电商是什么，有哪些常见的模式。

1.1.1　直播电商的定义

作为一个新兴领域，业界和学术界对直播电商有不同的定义。中国消费者协会认为，"直播电商"是一个广义的概念：主播通过直播平台来推销相关商品，使消费者了解商品的各项性能，从而购买商品的交易行为，可以统称为直播电商。还有学者认为，直播电商是电商企业推出的以直播形式销售商品，以强互动性、娱乐性、真实性和可视性为特点，以改善消费者购物体验为目的的营销模式。

直播电商是主播借助直播的形式推荐并销售商品的经营活动。直播电商以电商为基础，借助主播吸引流量并实现订单转化。直播电商不仅能让商家更好、更快地实现商品交易，还能让商家通过构建价值认同感来实现品牌传播。

直播电商能够快速提高商品销量，并能够在短时间内扩大企业的品牌知名度。直播电商能够快速吸引消费者的注意力，因此成为深受欢迎的商品营销手段。

1.1.2　直播电商的模式

按照直播主体的不同，直播电商可分为商家自播和达人直播两种模式。

1. 商家自播

商家自播是指商家使用自己的品牌或店铺账号，在自己的直播间进行的持续直播"带货"行为。在该种模式下，商家对直播内容有很强的掌控力，可以持续直播，成本相对可控。采取这种模式有助于商家与消费者建立长期关系，实现稳定、长效的运营。商家自播的主播多是商家的导购人员或领导等；观众多是品牌的粉丝，对品牌有一定的忠诚度，比较关注品牌的动态。随着直播电商的成熟，商家自身的直播间开始承担更多的职责：它不仅是商家线上流量的综合入口、品牌推广的主要场所，而且肩负着公关和舆情应对的责任，还是与消费者实时沟通的窗口。

商家自播的代表有波司登、太平鸟等。图1-1所示为波司登和太平鸟商家自播。

图1-1　波司登和太平鸟商家自播

🎓 **小提示**

在商家自播模式下，直播间的主播往往对品牌的商品更加熟悉，在直播讲解、临场反应、节奏把控上都比较熟练，不容易出错。商家对消费者的喜好往往也比较了解，知道什么样的主播可以更好地展示商品，并且符合品牌的气质。

2. 达人直播

达人直播是指商家利用达人的粉丝和流量帮自己售货，是以达人账号为中心的、货围绕人的电商直播形式。商家可以在任务平台精选联盟或多频道网络（Multi-Channel Network，MCN）机构寻找合适的达人帮自己"带货"，但需要支付服务费和佣金。

💡 **知识窗**

现在越来越多的网络达人开始通过直播平台进行商品营销，他们通过这种方式不仅为企业和品牌"带货"，还能与粉丝互动，增强粉丝的黏性。这些网络达人大都在直播中直接推介与售卖商品，或以隐性植入的方式对商品进行营销。

例如，某主播仅用一年半的时间就积累了237.5万名粉丝，成为电商行业的直播"带货"达人。图1-2所示为某主播直播"带货"数据。

粉丝对达人主播有较高的信任度，达人主播凭借自身积累的庞大粉丝群和较强的内容生产能力来实现流量的转化，在直播中所销售的商品品牌较为多样。达

图1-2　某主播直播"带货"数据

人直播比较适合没有直接货源的主播。由于达人直播销售的商品不是来自主播自己的货源，达人主播只需和商家做好对接，即可在直播间内直播卖货。与商家自播相比，达人直播的直播间内商品上新的速度较快。但是，达人直播在商品选择上处于被动地位，直播间的商品仅限于商家为其提供的款式。

从消费者的角度来看，其是受情感驱动的，在看达人直播的时候，消费者容易被达人主播激发出消费欲望。达人主播的作用更多是引导下单，以提高转化率。对商家而言，如果商品的目标受众和达人主播粉丝高度契合，那么"带货"效果会非常好，否则很难达到理想的效果；并且商家选择合适的达人主播非常难，需要花费一定的时间和积累一定的经验。

商家自播与达人直播的对比如表1-1所示。

表1-1　商家自播与达人直播的对比

对比项目	商家自播	达人直播
直播特性	品牌化	人格化
消费者购买商品的驱动力	消费者购买商品多是因为对商品有需求	消费者购买商品可能是因为对商品有需求，也可能是因为受情感驱动
商品更新速度	较慢	较快
直播商品展示及商品转化率	流水账式地展示商品，商品转化率一般	直播商品展示节奏紧凑，内容表现形式多样，商品转化率较高
主播直播心态	工作心态	创业心态
直播时长	可多人24小时在线直播	单人直播，直播时长有限
流量支持	需要从零开始积累粉丝	可借助自身私域流量
电商运营能力	具有较强的电商运营能力	部分主播缺乏电商运营经验，能力有所欠缺

小提示

在直播电商发展初期，商家一般选择达人直播或者利用短视频进行广告投放。因此在品牌启动期，商家找到一个合适的达人主播，并与其建立深度、稳定的合作关系是很重要的。在达人直播做到一定体量之后，商家或品牌需要通过商家自播来稳定收入。

1.1.3　直播电商的定位

直播电商的定位就是直播电商的方向和目标。直播电商的实时性、真实性和直观性等优势，在很大程度上决定了主播在直播过程中需要快速且精准地向消费者传递信息并进行实时互动，所以开展直播电商活动之前必须找准定位。确定直播电商的定位之后，主播直播时，进入直播间的消费者会更加精准，精准的消费者意味着有较高的成交率，从而容易取得良好的直播效果。

小提示

确定直播电商的定位，商家会更容易找到合适的主播，主播也可以增加收入。主播"带货"的佣金与粉丝数量有关，因此主播想要增加粉丝数量，就要做好直播和短视频的内容，而且这些内容应是对粉丝有价值的。

新东方开启直播之路，将东方甄选定位为消费品牌。东方甄选刚开始的定位就是一个直播"带货"的电商公司，现在其加速布局自有品牌，把公司定位为基于直播电商的消费品牌。

东方甄选战略扩张有两个方向。一是产品多元化。一段时间以来，新东方不断地开发新产品，通过现有直播平台测试市场需求，再不断优化改善产品和供应链。二是渠道多元化，就是要多平台布局，增加销售渠道，不只依靠抖音平台，还要走向其他线上平台，甚至发展线下渠道。

1.1.4　直播电商的三要素

直播电商的核心是电商，电商是"人""货""场"三要素的结合，如图1-3所示。直播电商本质上就是围绕这三个要素展开的销售商品的过程。

1.　人

人，即人物，是直播电商的第一要素。直播电商的内容输出形式为视频、图片、文字等，包含观念、品牌、商品、价值等众多内容，需要依托主播来完成展示与呈现。一般来说，主播需要从消费者状态、商品与竞争、卖点、优惠或质保力度等方面入手，以演示、互动与激励等手段完成内容输出。

（1）主播的主要类型。目前，直播电商的主播主要分为专业电商主播、网络达人、商家员工、企业家、专家、主持人等类型。

（2）选择合适的主播。选择合适的主播很重要，商家或企业可以从三个方面来考虑：匹配度、带货力和性价比，如图1-4所示。

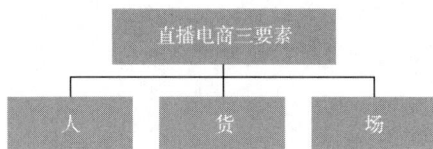

```
┌─────────────────┐              ┌─────────────────┐
│  直播电商三要素  │              │  选择合适的主播  │
└─────────────────┘              └─────────────────┘
  ┌────┬────┬────┐                ┌──────┬──────┬──────┐
  │ 人 │ 货 │ 场 │                │匹配度│带货力│性价比│
  └────┴────┴────┘                └──────┴──────┴──────┘
```

图1-3　直播电商三要素　　　　　　　图1-4　选择合适的主播

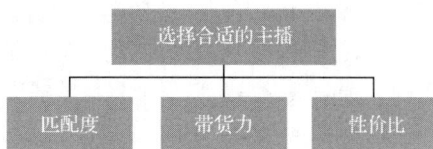

- 匹配度需要从这几个方面来考查：主播的粉丝画像、主播形象、主播的专业度、主播的直播间氛围、主播的口碑等。
- 带货力需要从这几个方面来考查：粉丝活跃度、粉丝团及直播数据等。
- 性价比需要从这几个方面来考查：转化率、垂直性、佣金、服务费等。

2.　货

直播电商的最终目的是卖货，所以商品的选择很重要。直播电商团队根据直播账号所针对的具体消费群体或者不同场景的不同需求，选择直播电商"带货"的商品。例如，某主播虽然"带货"品类很多，但是其"带货"主线仍然是美妆类商品，因为他的粉丝群体以女性为主。

随着直播电商的迅猛发展，直播电商涉及的商品品类不断丰富，涵盖食品饮料、美妆护肤、服装鞋帽、图书、箱包、珠宝、3C产品、汽车等多个品类。其中，复购率高、客单价低、利润率高的品类在直播电商中更为受益。

从经济效益的角度来看，美妆护肤和服装鞋帽品类具有利润率高、客单价高、成交量大的特点，所以这两个品类成为直播电商中的强势品类。

从专业化程度的角度来看，在食品饮料品类中，由于不同品牌的商品差异较小，因此消费者购买此类商品更多是受品牌效应的驱动。此外，这类商品的专业化程度较低，主播不需要对商品进行过于专业的讲解。因此，食品饮料也成为直播电商的热门品类之一。

而汽车、珠宝、3C产品等专业性较强的品类，对主播的专业化程度要求较高。

主播需要与消费者进行专业的双向交流，以推动消费者更快地做出购买决策。所以，在直播中销售这些品类的商品时，主播对商品认识得越深刻，对商品的介绍越专业，越容易促成消费者购买。

3. 场

场，就是主播所处的直播场景，它直接影响消费者在观看直播时的视觉感受和消费体验，极大地影响着整场直播的效率。直播电商的场要素主要包括设备选择、直播间布置、场地选择，如图1-5所示。

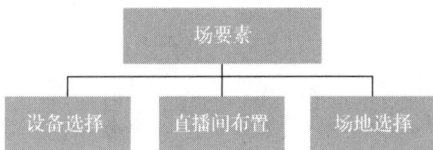
图1-5　场要素

（1）设备选择。在极端情况下，利用一部手机也可以完成直播。但专业的设备与场景布置，可以有效地提高效率、促进转化、控制过程。直播不受地理位置的限制，其潜在消费者数量可能非常大，所以主播应采用高配置的计算机、独立网线等，避免在直播过程中出现网络卡顿现象。如果采用手机直播，则应准备两部手机，一部手机用来直播，另一部手机用来查看粉丝留言，方便与粉丝及时互动，同时还要特别注意保持电量充足。另外，主播还应选择专业的摄像头，以保证直播的清晰度。

（2）直播间布置。直播间布置包括灯光和背景等的布置。一般来说，直播间应该依照明确和简洁两个原则进行布置。布置直播间时需要根据品牌定位和商品特点来做出相应的设计，如灯光的明暗程度、色温、色调、背景墙的颜色与风格等；此外，还应该注意直播间的隔音效果、话筒收音效果等。

（3）场地选择。越来越多的商家开始在更多的时间段和更多的场景下展示商品，直播电商的直播场景越来越丰富、多元。直播电商常见的场地包括原产地、生产车间、实体门店、直播间、供应链基地等。

知识窗

进行场地选择时，商家要优先选择消费者购买与使用商品频率较高的场地，以拉近与消费者之间的距离，加深消费者观看直播后对商品的印象。与此同时，商家还可以根据活动策划需要，根据人数、游戏内容、商品陈列等选择场地。

1.2　直播电商产业链

微课视频

直播电商产业链

直播电商有一个由参与者构成的完整产业链，这些参与者是商家、MCN机构、直播平台、消费者和主播，如图1-6所示。只有了解了整个直播电商产业链，才能更好地开展直播。

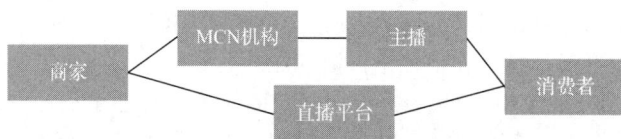

图1-6　直播电商产业链

1.2.1　商家

在直播电商产业链中，商家作为供应方位于上游。商家入驻直播平台提供货源，基于平台的大流量，通过与MCN机构、主播的合作，确定直播内容方案，进行内容输出，最终引导消费者在电商平台实现变现转化。商家借助直播电商可以提高渠道效率和销售转化效率，建设品牌形象，经营与消费者的关系。

1.　商家开展直播电商活动的主播选择

商家开展直播电商活动，选择主播的方式有两种，如图1-7所示。

图1-7　选择主播的方式

（1）通过MCN机构对接主播。这种方式的优点是MCN机构可以根据商家的需求匹配合适的主播，并提供一整套的解决方案；但缺点是所支付的服务费和销售分成较高，成本较大。

（2）商家自播，即商家自行开展直播电商活动。这种方式涉及商家自己培养主播、入驻平台、管理消费者、提高流量等活动，对商家的资源整合运营能力要求较高。但这种方式的优势突出：主播一般是企业内部的员工，更了解商品，成本比较低；这种方式有助于商家有效地经营与消费者的关系，是一种可持续发展的方式。

2.　商家开展直播电商活动的直播策略

对商家来说，其通过直播可以提高品牌影响力，为线上店铺引流。商家的直播策略有以下两种。

（1）品牌推广：通过大数据精准筛选直播人群、匹配主播，集中"带货"一两款具有爆火潜力的单品，快速形成好的市场口碑，再切入电商矩阵和传播矩阵以撬动更大的市场。

（2）去库存：通过多场直播，以较低价格快速促销一些长期积压的库存商品。商家如果能够将过去的分级经销商转化为主播队伍，再结合社交电商，加上主播本身就可以压货和垫付资金，那么可进一步加速去库存。

1.2.2　MCN机构

专业的多频道网络（Multi-Channel Network，MCN）机构的工作包括"网红"的筛选和孵化、内容的开发、内容平台技术性支持、持续的创意输出、消费者管理、平台资源对接、活动运营、商业变现等。MCN机构把内容进行整合，在资本的支持下，使得内容可以持续化地输出，以便能够更好地达到商业稳定变现的目的。

在直播电商产业链中，MCN机构在确定商家及自身需求后，对已有资源进行分配，并将任务发放至签约主播，之后再通过自身流量渠道进行推广，从商家提供的服务费、平台提供的销售分成以及消费者的相关消费中获得收入。

MCN机构为商家匹配符合其需求的主播并提供渠道资源支持，为主播选题、组织内容生产、拍摄、剪辑等阶段提供专业、高效的支持，为直播平台提供丰富的优质内容，以构建完善的内容生态。

🎓 小提示

> 事实上，很多大主播背后都有专业的MCN机构为其精心包装，为其策划能够吸引眼球的直播方案。就MCN机构而言，其拥有更多的广告、电商资源及更强的议价能力，因此可为主播带来更好的商机和选择，也可以加强主播与自己的合作意愿。

1.2.3 直播平台

直播平台是直播电商产业链的核心，对接其他参与者。商家入驻直播平台，MCN机构和主播通过直播平台进行直播内容的生产和输出，主播通过直播平台向消费者推荐商品，消费者通过直播平台观看直播、关注主播、进行消费。

直播平台的组成有三种类型。

（1）电商平台上线直播模块，直播、交易都在电商平台内实现，这种方式以京东、拼多多为代表。

（2）内容平台上线直播模块，直播在内容平台内实现，但是交易会跳转到电商平台实现。这种情况下电商平台会向内容平台抽取较高比例的佣金。比如小红书、知乎、微博。

（3）内容平台除了上线直播模块，同时上线电商模块，使得直播和交易都在内容平台内实现，比如快手、抖音。

1.2.4 消费者

在直播电商产业链中，消费者作为需求方位于下游。消费者会受主播影响在直播平台进行消费，主播可以经营自己与消费者之间的关系。

消费者之所以被吸引，通常是因为直播带来的沉浸式交互体验。在直播平台上，消费者可以观看直播内容，看到了自己喜欢的主播，就可以通过打赏虚拟商品的方式来表达自己对该主播的喜爱及支持。此外，消费者还可在直播平台上下单购物等。

要想让消费者在直播平台上收获乐趣，就要增强直播间的互动性。比如，增加游戏直播间，鼓励消费者直接参与到游戏中，在这样的互动中，消费者就能收获许多乐趣。

在直播过程中，消费者下单受很多因素的影响。例如商品价格有优势、展现出来的商品让人有购买欲等。

1.2.5　主播

在直播电商产业链中，主播基于直播平台，面向消费者进行直播，在直播过程中推荐、销售商品，可以通过MCN机构对接商家或直接对接商家获得服务费和平台的销售分成。

主播是传统商业导购人员的升级版，是帮助商家开展营销推广活动的重要角色。在广度上，主播凭借专业的知识、强大的导购能力提高其对消费者的影响力，帮助商家扩大客群覆盖范围。在精度上，主播凭借独特的个性特征与个人魅力，一般都拥有一群忠实粉丝。

主播在直播"带货"的过程中应该明确自己的目标群体及其特征，或者可以借助大数据分析等方式明确自己的目标群体及其特征，从而确定自己的直播风格。主播应从主要的目标群体的角度出发，了解其对产品的需求、关注点，揣摩其消费心理，在从选品到定价销售的各个方面优先考虑契合该群体的需求。

随着直播电商的迅速发展，越来越多的企业着手开展直播业务，无论是企业自营直播间还是主播直播间，对有专业能力的主播的需求都将大幅增长。

1.3　直播运营

直播行业迎来了新的发展机遇，直播电商已经成为一种重要的商品销售方式。直播运营是随着直播行业的发展新增的需求，能够操盘和整体运营的高端直播运营人才的需求不断增长。

1.3.1　直播运营认知

直播运营是指在直播平台上进行直播内容的创作和维护工作。直播运营人员需要对直播平台的使用情况和消费者的反应情况进行日常监控，同时也要不断进行创作，以保证直播内容的质量。直播运营人员主要负责直播内容的运营和管理工作。这里的运营包括内容的策划、制作、宣传和维护等。

直播运营人员要根据直播平台的特点和消费者的需要，制定出一套完整的运营方案，并执行这一方案。首先，要对直播平台和消费者进行全面的了解。了解直播平台的优势和功能，了解消费者想看什么样的内容。其次，根据了解到的信息，制定出一份详细的计划，包括内容制作、运营时间、运营方式等方面的内容。最后，执行这个方案。执行之前要进行充分准备，如写好文字、准备好图片。

1.3.2 直播运营风险防范措施

直播运营的风险是指在直播环境下，某种损失发生的可能性。由于直播运营具有群体效应和双向强互动的特点，因此直播运营的风险相对以广播电视为代表的传统媒体更大。直播运营的持续健康发展离不开消费者、主播、直播平台和商家等主体的共同努力。直播运营风险防范措施如图1-8所示。

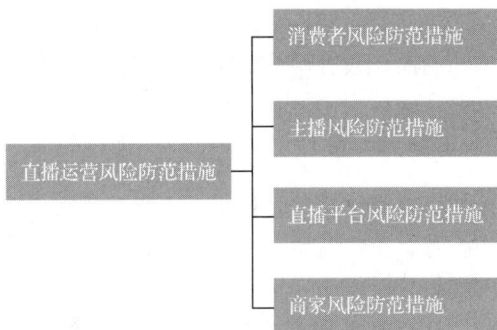

图1-8　直播运营风险防范措施

1. 消费者风险防范措施

当直播销售的商品确实存在质量问题时，消费者可以遵循购前预防、理性购买和购后积极维权的原则，尽量将损失降到最低。消费者风险防范措施具体包括以下措施，如图1-9所示。

（1）售前及时保留相关证据。消费者在观看直播购物时，应及时保存相关证据，比如可采用截屏、录屏保留主播承诺的文字或销售图片，包括商品价格折扣、弹幕留言等信息，产生纠纷时，便于后续取证。

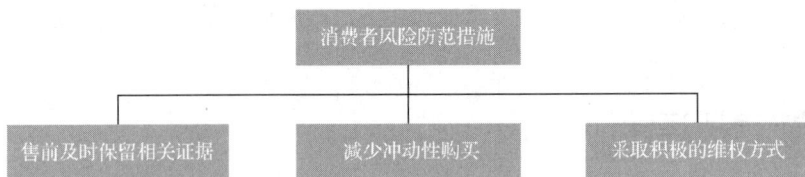

图1-9　消费者风险防范措施

（2）减少冲动性购买。直播销售商品的价格折扣，加上主播富有诱惑力的语言，让消费者极易产生购买冲动。对此，消费者在观看直播前，有必要拟定明确的消费目标，正确认识主播与商品之间的关系，加强对商品价格、质量等的全方位审核，做到理性消费。

（3）采取积极的维权方式。消费者在收到商品，尤其是贵重商品后，应该及时查验商品并用恰当的方式保留拆封包装。若发现商品有质量问题，可及时与商家进行协商，同时申请平台介入处理；未协商一致的，可以结合自身具体情况，选择适当的法律法规作为维权依据。

2. 主播风险防范措施

直播的实时性是直播运营面临的最大风险之一。尽管在直播过程中，主播所面临风险无法提前预测，但直播中出现的部分问题还是可以通过事前准备来实现有效防范，如图1-10所示。

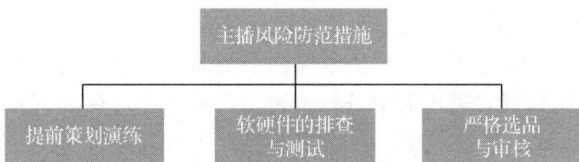

图1-10 主播风险防范措施

（1）提前策划演练。在直播前需要进行活动筹划和准备，并对直播各环节的设置进行反复推演和模拟，防止直播时出现一些低级错误，如产品名称、品牌方、价格等错误。

（2）软硬件的排查与测试。为了达到理想的直播运营效果，主播团队需要在直播前对所有相关软硬件进行反复排查与测试。一方面，主播团队需要熟悉直播软硬件的使用与配合；另一方面，主播团队需要对网站、服务器进行反复测试，避免出现因流量太大服务器瘫痪的现象。

（3）严格选品与审核。直播行业已从注重"流量"转向注重"留量"，围绕"留量"和"商业变现效率"的竞争已经开始。主播即使再有号召力，消费者最终关心的还是商品质量，只有真正高性价比的商品才能提高变现效率。主播及其团队应具备商品鉴别能力，在选品时严把商品质量关，了解商品的生产方式和供应链，亲自测试并向消费者真实反馈。

3. 直播平台风险防范措施

对直播平台而言，为了更好地强化风险管理，其应当严格履行法律法规规定的相关平台义务。直播平台主要有以下风险防范措施。

（1）打击品牌方与主播的虚假广告，加强对"带货"主播的监管，完善广告审核规则，对一些违法广告或推广信息要及时处理。

（2）严控品牌方资质审查，提高平台入驻门槛，加强对商家或主播的培训与素质管理，培养专业主播；同时引入信用评价体系，进行监控管理。

（3）提高技术水平和支付工具安全性，与人工智能技术深度融合，借助高新技术实现高转化率。平台可以利用语音技术实现主播在讲解商品的过程中，商品的购物链接立即出现，优化消费者体验，提高消费转化率。

（4）强化交易安全管理，严厉打击各类诱导交易、虚假交易、规避安全监管的私下交易。

（5）构建商家和消费者的意见沟通渠道，完善纠纷解决办法与机制，及时回应并妥善处理消费者的相关诉求。

4. 商家风险防范措施

商家等参与者在以直播形式向消费者销售商品或提供服务的网络直播营销活动中，需要做到以下几点。

（1）保证商品质量，完善售后服务体系。商家要聚焦售后商品的质量追踪、退换货、商品满意度评价，制定流程优化与制度优化的商品质量控制措施，甄别消费者可能产生的售后问题，制定完善的售后服务体系。

（2）关注直播的销售情况，避免因库存不足而出现违约的情况。

（3）销售的商品或者提供的服务应当符合保障人身、财产安全的要求和环境保护要求，不得销售或者提供法律、行政法规禁止交易的商品或者服务。

（4）全面、真实、准确、及时地披露商品或者服务信息，保障消费者的知情权和选择权，不得以虚构交易、编造消费者评价等方式进行虚假或者引人误解的商业宣传，欺骗、误导消费者。

1.4 主流直播平台

经过激烈的市场竞争，目前淘宝、抖音和快手已经成为直播电商行业的巨头。下面介绍几个常见的直播平台：淘宝直播、抖音、小红书、快手、微信视频号。

1.4.1 淘宝直播

淘宝直播是阿里巴巴网络技术有限公司推出的消费生活类直播平台。在淘宝直播平台上，用户可以一边看直播，一边与主播互动交流、领取优惠券并选购商品等。

淘宝直播诞生于2016年4月21日。在直播以"打赏"来谋发展的时代，淘宝直播另辟蹊径，将直播与商业直接融合，不仅开拓了市场，也减少了中间环节，实现了线上与线下的融合。淘宝直播是目前发展直播电商模式最为成熟的平台之一，直播模式主要分为达人"带货"和商家自播。

淘宝直播的产生是基于整个淘宝平台的，所以淘宝用户在适当的引导下有可能成为淘宝直播的用户。用户在淘宝直播中的购物需求相对明确，所以使用淘宝直播的目的是想具体、有针对性地了解某商品。淘宝直播如图1-11所示。

图1-11　淘宝直播

1.4.2　抖音

抖音于2016年9月上线，之后不断提升用户体验，增加新的功能，抓住时下热点，让用户始终保持新鲜感。在抖音发展的同时也诞生了一批抖音达人，这些达人不仅给抖音提供了各类丰富多彩的内容，也因为抖音改变了自己的生活。随着直播电商的爆发式发展，抖音加大力度自建抖音小店，开始签约"带货"主播，同时在供应链端与直播基地签约。抖音直播如图1-12所示。

凭借短视频火爆互联网之后，抖音逐渐将其重心从内容生态转向直播电商领域。2021年以来，抖音在电商行业最突出的表现，是由短视频衍生出来的直播"带货"。2021年抖音电商首次定义"兴趣电商"，即"一种基于人们对美好生活的向往，满足用户潜在购物兴趣，提升消费者生活品质的电商模式"。

抖音直播电商在2022年的交易规模为8 000亿元左右。这个数字已经超过目前很多传统电商平台的交易规模。而且，随着抖音直播电商的不断发展壮大，这个数字还将不断攀升。

图1-12　抖音直播

1.4.3　小红书

小红书是女性社交内容"种草"平台，具有很强的社交、"种草"属性，用户主要以图片和文字的形式记录生活和分享日常。小红书用户看到"种草"内容后，有了需求，并且知道了一个品牌，然后决定选择这个品牌，直到最后下单，这是一个闭环。

"种草"是小红书常见、基本的分享方式。所谓"种草"，就是用户与他人分享，让他人对商品、景区、电视剧、电影等的消费体验有一定的了解，然后产生兴趣并进行消费。也就是说，用户在小红书被"种草"后，还要回到现实生活中去体验，这样消费链才能形成完整的闭环。可以这么说，小红书凭借丰厚的流量红利将"种草"化于无形。图1-13所示为小红书直播。

1.4.4　快手

快手最初是一款用于处理图片和视频的软件，后来转型为短视频社区。快手强调人人平等，是一个面向所有普通用户的平台。快手的定位为"记录世界记录你"，其开屏界面的文案是"拥抱每一种生活"。快手的商品定位更普惠化，鼓励每一个用户都用快手记录和展示自己的生活。快手给予每个用户平等的曝光机会，因此在早期迅速获得了四、五线城市和农村用户的青睐。近年来，快

图1-13　小红书直播

手通过一系列的运营和迭代，逐渐进行品牌升级，开始获得越来越多的一、二线城市用户的青睐。

随着直播的发展，快手也加入了直播功能。用户在快手上不仅可以发布短视频，也可以通过直播销售商品。快手目前对所有合法经营的用户均开放直播功能，鼓励用户多开直播。主播在直播的同时，快手还提供主播PK功能。快手直播如图1-14所示。

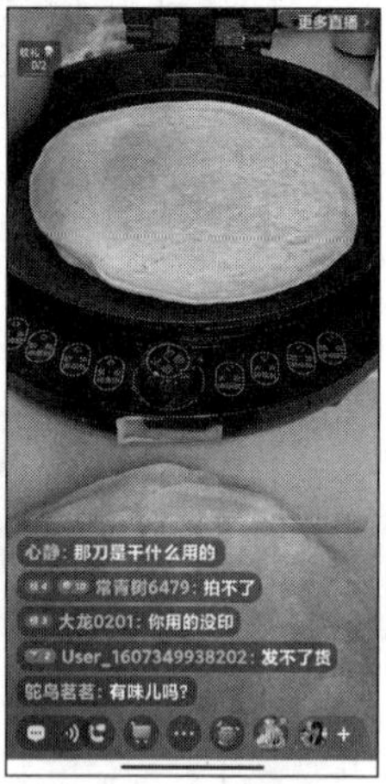

1.4.5　微信视频号

微信视频号依靠微信强大的用户流量，已经逐渐发展成一个依托于微信社交生态的全新短视频平台。其具有私域流量优势明显、用户定位精准、转化率高等特点。

相比而言，微信视频号的优势在于和微信生态紧密相连，可以通过一系列手段实现强触达、长复利。微信视频号的直播开播提醒是做得很醒目的，用户很容易注意到。只要用户打开了微信，就能看到开播提醒的通知。同时，预约直播的按钮也可以放在企业视频号、公众号、私域社群的所有环节中，让企业私域里的客户成为直播间的第一波流量。微信视频号直播预约如图1-15所示。

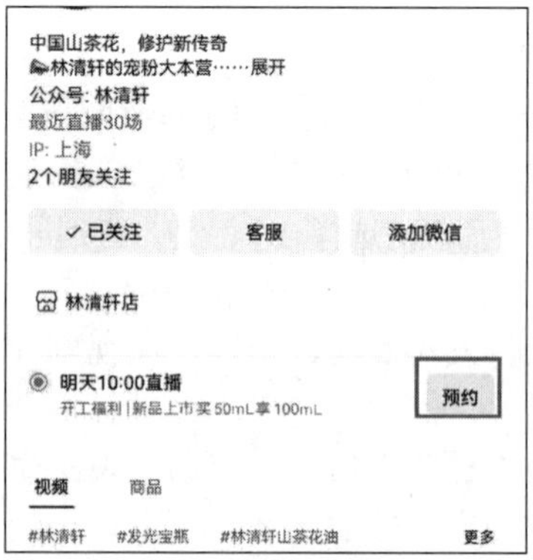

图1-14　快手直播

图1-15　微信视频号直播预约

微信视频号直播的流量来源主要为品牌在微信生态内的私域流量，私域流量进入直播间后撬动公域流量的涌入。

1.5　直播电商团队的组建

无论是个人还是商家，要想真正做好直播"带货"，组建直播电商团队是非常必要的。根据直播工作岗位设置、工作内容、工作流程等要素，个人或商家可以组建不同层级的直播电商团队。

1.5.1　直播电商团队岗位职责与职业能力要求

通常来说，一个成熟的直播电商团队里有6个岗位：主播、副播、运营、策划、场控、客服，如图1-16所示。下面对这些岗位进行详细介绍。

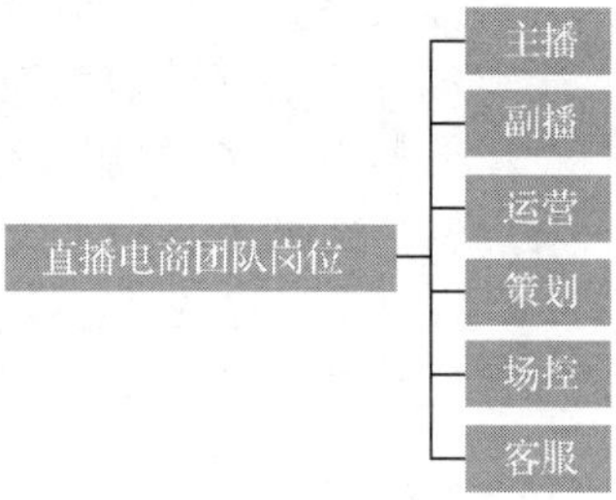

✏️ **课堂讨论**

说一说你所知道的直播电商团队岗位有哪些，这些岗位的具体职责是什么。

图1-16　直播电商团队岗位

1. 主播

主播通过对商品进行立体化的描述与展示，构建商品与消费者、商家与消费者之间的桥梁。主播是整场直播的"灵魂"，主播在直播中的表现在很大程度上决定了直播能否吸引消费者的注意力。主播要有强大的个人魅力和控场能力，要能把握直播的节奏。除此之外，主播还要能吃苦、体力好，因为其需要在镜头前面连续直播几个小时。主播的岗位职责和职业能力要求如表1-2所示。

表1-2　主播的岗位职责和职业能力要求

岗位职责	职业能力要求
① 协助团队成员选品； ② 了解品牌和商品信息； ③ 确认直播场地； ④ 确认直播中互动活动的开展时间和方式； ⑤ 详细讲解商品，试穿、试用商品； ⑥ 介绍直播间优惠活动，为消费者发放福利； ⑦ 与消费者进行互动，活跃直播间氛围； ⑧ 回答消费者提出的问题； ⑨ 引导观看直播的消费者关注和分享直播间	① 能够打造具有差异性的人设，提高自己的辨识度； ② 着装要以简洁、自然大方为原则； ③ 能够根据自身特点、消费者特点选择合适的直播商品； ④ 具备良好的语言表达能力，讲解商品时发音要准确，语速要得当，要具有感染力； ⑤ 能使用逻辑性强、具有技巧性的语言激发消费者购买商品的欲望； ⑥ 能灵活应对直播中遇到的突发状况，控制直播效果； ⑦ 要有强大的心理承受能力，面对消费者负面、消极的声音时能够理智、冷静地应对

📐 **素养提升**

网络主播逃税被罚

2023 年 2 月 16 日，西安市税务部门公布网络主播逃税案件。某网络主播对直播收入未依法进行个税申报，少缴税款 9.81 万元，其中偷税 9.26 万元。相关部门对其依法征收税款，加收滞纳金，并处罚款共计 17.67 万元。

网络直播节目大量涌现，网络主播队伍素质参差不齐，成为网络主播的门槛低，部分网络主播法律意识淡薄。为加强对网络直播营利行为的规范性引导，鼓励支持网络直播依法合规经营，2022 年 3 月 25 日，国家互联网信息办公室、国家税务总局、国家市场监督管理总局联合印发《关于进一步规范网络直播营利行为促进行业健康发展的意见》，明确网络直播发布者要规范纳税、依法享受税收优惠。2022年6月22日，国家广播电视总局、文化和旅游部发布了《网络主播行为规范》，明确网络主播应当如实申报收入，依法履行纳税义务，再次为网络主播敲响依法纳税的警钟。

依法纳税是每个公民应尽的义务，网络主播应该自觉缴纳税款。网络直播行业不是法外之地，不只是头部主播，每个取得收入、符合纳税标准的网络主播都应自觉依法纳税。网络主播在享受直播"带货"带来红利的同时，应自觉承担起相应的社会责任，依法履行纳税义务。

2. 副播

副播是主播的助手，分担着主播的压力，其核心任务就是辅助主播进行直播，帮助主播更好地完成各项直播任务。直播过程中副播要跟主播临场配合，不要抢词，要了解商品，并跟消费者互动，及时回复消费者。副播的工作较为烦琐、复杂。开播前副播就需要开始忙碌，一直到直播结束。副播的岗位职责和职业能力要求如表1-3所示。

表1-3　副播的岗位职责和职业能力要求

岗位职责	职业能力要求
① 确认直播设备、直播商品、辅助道具等物品全部到场； ② 活跃直播间气氛，帮助主播掌控直播节奏，如提醒主播直播活动时间点； ③ 充当主播的模特，试穿、试吃、试用商品； ④ 根据活动策划，适时地使用计算器、秒表、道具板等辅助主播顺利完成商品讲解； ⑤ 在场外通过画外音或文字的形式对主播提到的商品或优惠信息做出补充； ⑥ 向消费者讲解领取优惠券的方式； ⑦ 认真回答直播间消费者提出的问题，时刻提示消费者关注直播间； ⑧ 主播离席时及时补位，维持直播间的热度； ⑨ 直播时若出现声音、画面不正常等问题，及时检查维护等	① 懂得如何吸引更多的消费者，使直播间人气更高，如设计足够吸引人的直播封面图，策划一场有利于涨粉的直播活动等； ② 善于运用微信、微博、抖音等各类新媒体平台帮助主播进行宣传，扩大主播的影响力； ③ 与主播保持紧密、良好的沟通； ④ 了解直播商品的基本信息和卖点，例如，某款衣服最适合哪类人穿，并挖掘消费者的痛点，提供满足消费者需求的方案等； ⑤ 了解直播平台的推荐机制和直播间的运营技巧，懂得如何尽可能多地获取自然流量，深度掌握直播的技巧和需要注意的事项，从而获得更优质的商业流量； ⑥ 能管理好粉丝群，与粉丝保持较好的关系，可独立主持直播节目，活跃直播平台气氛，负责直播的节目及活动策划

3. 运营

运营是直播电商中的综合岗位，主要负责直播电商的整体规划和统筹。运营首先需要规划直播的内容，确定直播的主题，策划直播操作流程；其次需要进行团队协调与沟通，其中包含外部协调，如封面图的拍摄、设计制图、商品抽样、礼品发放等，以及内部协调，如协调直播人员的关系、调节直播时间及解决直播期间出现的问题等。运营的岗位职责和职业能力要求如表1-4所示。

表1-4　运营的岗位职责和职业能力要求

岗位职责	职业能力要求
① 负责直播电商的整体规划和统筹； ② 熟悉各个不同直播平台的特点及优劣势，能根据直播内容及商品选择合适的平台； ③ 熟悉直播电商的策划操作，能策划直播操作流程及制定相应的规范； ④ 熟悉供应链的相关专业知识，能确定选品操作规范； ⑤ 具备数据分析能力，能分析平台数据，及时调整直播的策划方案以及优化选品	① 有良好的观察能力，注重细节，执行能力强； ② 有内部资源沟通和协调的能力，能判断出对直播最有价值的资源； ③ 熟悉平台规则，具备内容策划能力，能根据商品策划直播活动； ④ 熟悉商品供应链，能根据选品及时调整定价及内容策划； ⑤ 具有多个电商岗位实践经验，具备较强的管理能力； ⑥ 具有良好的职业素养和抗压能力，能适应直播电商较快的工作节奏； ⑦ 具有良好的个人素养，善于总结问题及进行自我调整

4. 策划

策划负责整个直播电商团队的创意策划内容，包括视频怎么拍、脚本怎么创作、直播内容怎么策划等。策划的岗位职责和职业能力要求如表1-5所示。

表1-5　策划的岗位职责和职业能力要求

岗位职责	职业能力要求
① 策划账号的各种视频，包括引流视频、商品视频、涨粉视频等； ② 策划直播间内容创意玩法，结合直播活动给粉丝提供不一样的购物体验； ③ 策划直播间硬装创意、直播间贴图和动图创意、主播的妆容创意等	① 熟悉短视频内容市场，了解消费者的内容喜好； ② 阅读涉猎广泛，文字功底扎实； ③ 熟悉不同内容的策划流程及创意思路，有相关写作经验，有优秀的创意和文字能力，叙事逻辑清晰； ④ 有良好的沟通能力和抗压能力

5. 场控

场控的主要职责是协助主播把控直播间氛围、引导粉丝互动、处理突发状况等，对主播的直播节奏有直接影响。场控是直播间不可或缺的一员，毫不夸张地说，一场直播有优秀的场控在，直播销量一般不会差。

场控的岗位职责和职业能力要求如表1-6所示。

表1-6　场控的岗位职责和职业能力要求

岗位职责	职业能力要求
① 调节直播间气氛，调动粉丝积极性，配合主播进行商品的讲解； ② 给予粉丝陪伴，对于高质量的粉丝团，需要做到进场欢迎、离场欢送，提醒主播及时互动，并且适时为主播提供一些热场礼物； ③ 维持直播间秩序，进行日常直播管理，及时清理广告； ④ 及时反馈数据给主播，实时关注直播间粉丝反馈和直播商品的数据反馈	① 有良好的语言表达能力； ② 有较强的随机应变能力和突发事件处理能力； ③ 有良好的控场能力和抗压能力

6. 客服

客服是直播电商团队中的服务岗位，其主要负责直播电商中消费者的售前、售中和售后服务。一场优秀的直播，除了优秀的主播，也离不开优秀的客服。客服的岗位职责和职业能力要求如表1-7所示。

表1-7　客服的岗位职责和职业能力要求

岗位职责	职业能力要求
① 负责收集消费者信息，了解并分析消费者需求，规划消费者服务方案； ② 熟悉商品信息，具有良好的沟通技巧，能正确解释并描述直播商品的属性； ③ 负责进行有效的消费者管理和沟通，了解消费者期望值，跟进回访消费者，提高服务质量，发展维护良好的消费者关系； ④ 负责对商品相关数据的收集和维护	① 接待消费者热情大方，能积极主动地帮助消费者解决自己能力范围内的销售问题； ② 工作主动热情、仔细耐心，能持续保持高效的工作状态； ③ 打字速度快，能同时应对多人在线咨询，并能及时、正确地做好备注工作； ④ 能熟练解答消费者的问题，为消费者推荐商品，熟悉促进销售、订单生成等相关流程

1.5.2　直播电商团队的人员配置

了解了直播电商团队各岗位的职责与职业能力要求以后，下面来看一下直播电商团队的人员配置。根据直播电商团队的规模，其可以分为低配版直播电商团队、标配版直播电商团队、升级版直播电商团队。

1. 低配版直播电商团队

如果预算不高，那么可以组建低配版直播电商团队。根据工作职能，团队需要至少设置1名主播、1名运营。低配版直播电商团队人员职能分工如表1-8所示。

表1-8　低配版直播电商团队人员职能分工

运营（1人）			主播（1人）
营销任务分解 商品组成规划 品类规划 结构规划 陈列规划 直播间数据运营	商品权益活动策划 直播间权益活动策划 粉丝分层活动策划 排位赛制活动策划 流量资源策划	商品脚本撰写 活动脚本撰写 关注话术脚本撰写 控评话术脚本撰写 封面场景策划 下单角标设计 妆容、服饰、道具设计	直播设备调试 直播软件调试 保障直播视觉效果 发券、配合表演 后台回复 即时登记、反馈数据 熟悉商品脚本 熟悉活动脚本 运用话术 做好复盘 控制直播节奏 总结情绪、表情、声音等方面的问题

这种职能分工方式对运营的要求比较高，运营必须是全能型人才，懂技术、会策划、能控场、懂商务、会销售、能运营，在直播过程中要能够自如地转换角色，工作时要游刃有余。只设置1名主播的缺点在于团队无法实现连续直播，而且主播流失、生病等问题出现时会影响直播的正常进行。

2. 标配版直播电商团队

企业或商家选择直播"带货"，一般会按一场直播的完整流程所产生的职能需求组建标配版直播电商团队。表1-9所示为标配版直播电商团队人员职能分工。

表1-9　标配版直播电商团队人员职能分工

运营（1人）	策划（1人）	场控（1人）	主播（1人）
营销任务分解 商品组成规划 品类规划 结构规划 陈列规划 直播间数据运营	商品权益活动策划 直播间权益活动策划 粉丝分层活动策划 排位赛制活动策划 流量资源策划	商品脚本撰写 活动脚本撰写 关注话术脚本撰写 控评话术脚本撰写 封面场景策划 下单角标设计 妆容、服饰、道具设计	熟悉商品脚本 熟悉活动脚本 运用话术 做好复盘 控制直播节奏 总结情绪、表情、声音等方面的问题

标配版直播电商团队的核心岗位是主播，其他人员围绕主播工作，团队人数一般为4人。当然，如果条件允许，还可以为主播配置助理，协助配合主播完成直播间的所有活动，团队人数为5人。

3. 升级版直播电商团队

随着团队的不断发展，企业或商家可适当壮大直播电商团队，将其改造为升级版直播电商团队。升级版直播电商团队人员更多、分工更细，工作流程也更优。升级版直播电商团队人员职能分工如表1-10所示。

表1-10　升级版直播电商团队人员职能分工

主播团队（3人）	主播	① 开播前熟悉直播流程、商品信息及直播脚本内容； ② 直播时介绍、展示商品，与消费者互动，活跃直播间气氛，介绍直播间福利； ③ 直播结束后做好复盘，总结话术、情绪、表情、声音等方面的问题
	副播	协助主播介绍商品，介绍直播间福利；主播有事时担任临时主播
	助理	① 准备直播商品、道具等； ② 协助配合主播工作，做主播的模特、互动对象，完成画外音互动等
策划（1人）		确定直播主题，准备直播商品，做好直播前的预热宣传，规划开播时间段，做好直播间外部导流和内部消费者留存等工作
场控（1人）		① 做好直播相关软硬件的调试工作； ② 负责直播中控台的操作，包括直播推送、商品上架、监测直播实时数据等； ③ 接收并传达指令，如运营有需要传达的信息，场控在接到信息后要传达给主播和副播，由他们告诉消费者
运营（2人）		营销任务分解、商品组成规划、品类规划、结构规划、陈列规划、直播间数据运营、活动宣传推广、粉丝管理等
客服（2人）		配合主播与消费者进行在线互动和答疑；修改商品价格，上线优惠链接，转化订单；解决发货、售后等问题

本章自测题

一、填空题

1. 按照直播主体的不同，直播电商可分为_____和_____两种模式。

2. _____是指商家使用自己的品牌或店铺账号，在自己的直播间进行的持续直播"带货"行为。

3. _____是指商家利用达人的粉丝和流量帮自己售货，是以达人账号为中心的、货围绕人的电商直播形式。

4. 直播电商有一个由参与者构成的完整产业链，这些参与者是_____、_____、_____、_____、_____。

5. 通常来说，一个成熟的直播电商团队里有6个岗位：_____、_____、_____、_____、_____、_____。

二、选择题

1. （　　）是直播电商的第一要素。

    A．人　　　　　　　　　B．货　　　　　　　　　C．场

2. 小红书是女性（　　）平台，具有很强的社交"种草"属性。

    A．社交平台　　　　　B．社交内容"种草"　　C．传统电商平台

3. 在直播电商产业链中，（　　）作为供应方位于上游。

    A．MCN机构　　　　　B．直播平台　　　　　C．商家

4. （　　）是直播电商中的综合岗位，主要负责直播电商的整体规划和统筹。

    A．运营　　　　　　　B．主播　　　　　　　C．副播

三、简答题

1. 直播电商的模式有哪些？

2. 直播电商的三要素有哪些？

3. 主流的直播平台有哪些？

4. 什么是直播电商和直播运营？

5. 直播电商团队中有哪些岗位，各岗位职责与职业能力要求是怎样的？

任务实训——选择并分析直播平台

为了更好地理解直播电商的概念并掌握相关的基础知识，下面通过一系列的实训进行练习。

一、实训目标

1. 理解直播电商的特性。

2. 掌握各个直播平台的差异。

3. 掌握直播平台的选择方法。

二、实训内容

分别在快手、抖音、淘宝直播、小红书、微信视频号观看一场电商直播，完成以下内容。

1. 结合直播电商的特征，对你所观看的直播进行点评。

2. 结合你所观看的直播，对比各个平台的差异。

3. 谈谈你觉得企业应如何选择直播平台。

三、实训要求

1. 从实时性、真实性、直观性、互动性和精准性这5个方面进行分析。

2. 通过表格对比各个平台的差异。

第2章

直播运营的前期准备

只有进行有效的前期准备，才能有针对性地开展直播电商活动。本章内容包括直播运营的步骤、直播设备的准备、直播场地的准备、直播内容的准备、直播脚本的准备、直播前的预热等。

【教学目标】

知识目标	☑ 熟悉直播前规划定位
	☑ 熟悉直播设备的准备
	☑ 熟悉直播场地的准备
	☑ 熟悉直播脚本的准备
	☑ 熟悉直播前的预热
技能目标	☑ 掌握如何在直播中对数据进行实时监测
	☑ 掌握直播内容的准备
	☑ 掌握直播脚本策划
	☑ 掌握直播预热渠道
素养目标	☑ 遵守网络主播行为规范

2.1 直播运营的步骤

在学习直播前期准备工作前，先了解直播运营步骤是很重要的。直播运营的三大步骤包括直播前规划定位、直播中对数据进行实时监测、直播后复盘分析，下面分别介绍。

微课视频

直播运营的步骤

2.1.1 直播前规划定位

📝 **课堂讨论**

怎样做好直播前规划，包括哪些步骤？

直播运营的第一步就是直播前规划定位，即搞清楚直播的目的是什么，以便确定直播内容的方向。一个定位清晰的直播主题能够让消费者知道这场直播能为他们带来什么，以此来吸引精准的流量。

在确定好主题之后，主播就要始终紧扣主题进行直播。例如，如果直播的主题是夏季服装促销，主播就不能介绍其他季节的衣服。主播要尽量忽略和主题不相关的话题和内容，垂直输出内容，这样才能提升直播的效果和展现主播的专业程度。

🎓 **小提示**

在进行直播前规划定位时，主播应该从商品的特点出发，结合同类商品特点，突出自己的优势。这样一来，消费者就会对主播或品牌产生好感。

一场成功的直播实际上是一项系统工程，商家首先要做的就是直播前规划定位，精准识别消费者需求，找到消费者的需求痛点，并从直播内容上寻找差异化的突破点。这主要包括以下4个步骤。

第一步，深入调研消费者。分析消费者的基本情况，如性别、年龄、职业、收入水平、地理位置等，完成消费者细分。这一步的目的在于为挑选合适的直播受众奠定基础，使直播有的放矢。

第二步，选择消费者群体，并完成消费者画像。在这个过程中，商家需要解决哪些人是直播的受众，他们需要买什么商品、为什么买这些商品、如何购买商品、何时购买商品等问题。

第三步，针对消费者的需求痛点，有效构建直播的看点、直播商品的卖点，提高直播的商业价值。

第四步，商家拥有了清晰的市场定位和商业逻辑之后，还需要对其形象及特色进行持续塑造，培养与确认消费者的心理认知，持续强化消费者的认可和支持。

2.1.2 直播中对数据进行实时监测

直播间的流量时时刻刻都在变化，对数据进行实时监测，有利于在直播过程中对流程进行把控，促进销量的提升。直播中需要监测的数据如下。

1. 直播转化率

直播时主播可以查看直播转化率，快速了解直播间的流量转化效果，及时调整投放策略，提高直播间的交易额。图2-1所示为直播转化率。

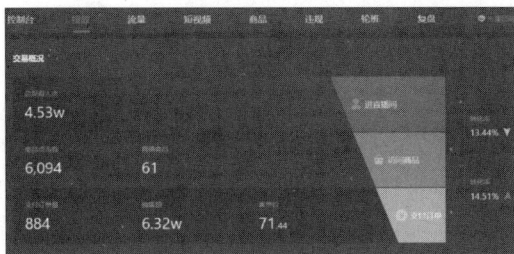

图2-1　直播转化率

2．用户留存数据

用户的停留时间越久，直播间的权重就越大，受到直播广场推荐的机会也就越多。随着直播间人气的不断增加，系统会把直播间推荐给更多的用户观看，可见延长用户留存时间对提升直播间热度是有很大帮助的。因此，要想留住直播间的用户，提升直播用户留存率，主播就要多推荐物美价廉的优质商品，同时积极与用户互动，营造热闹的购物氛围。图2-2所示为直播用户留存分析。

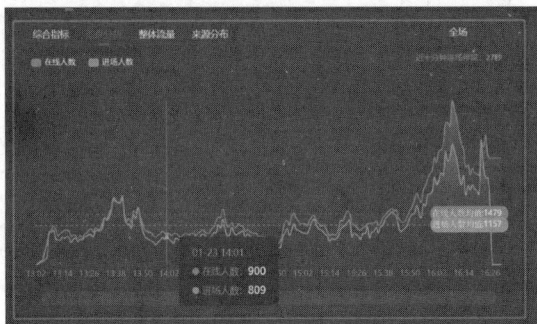

图2-2　直播用户留存分析

当在线人数多于进场人数时，代表流失的用户非常少，说明直播间的用户留存做得很好。当选择直播全场的时间段时发现整场直播的大部分时间进场人数都高于在线人数，说明直播间用户流失严重，主播需要及时复盘、总结优缺点，优化直播策略。

3．直播互动评论数据

粉丝互动率反映观看直播的粉丝中有多少和主播产生了互动，包括点赞、评论、转发等互动行为。这个数值低，说明主播没有调动粉丝的积极性，需要考虑创新的玩法和互动方式。

直播互动评论数据的主要体现形式是弹幕词，即评论，如图2-3所示。主播通过对弹幕词的分析可以看出粉丝喜欢聊什么、对哪些商品的兴趣较大，从而了解其购买倾向和主要需求。在下次直播时，主播就可以准备更多的相关话题，以活跃直播间的氛围或在直播中持续推广粉丝感兴趣的商品。

图2-3　评论

2.1.3 直播后复盘分析

每一场直播结束后不是立刻发货，而是抓紧时间进行复盘，复盘的目的是促进直播间的工作流程化。在复盘直播的过程中，主播需要特别注意以下几个要点。

1. 回顾直播，发现并纠正错误

在复盘直播过程中，通过回顾，主播经常会发现自己在直播中有一些不该出现的失误。通过复盘，把这些出错的部分记录下来，进行改正和优化，下次就能避免同样的问题，这样才会一次比一次有进步。

2. 数据统计和数据分析

直播结束后，主播应进行数据统计和数据分析，将此次直播的数据与以往直播的数据进行横向和纵向对比，找出数据变化背后的具体原因。例如，商品点击数反映主播的引导能力与货品的吸引力，如图2-4所示。当发现数据有下滑趋势时，主播要及时找出原因，尽快调整直播运营策略，以保证直播效果的稳定性。

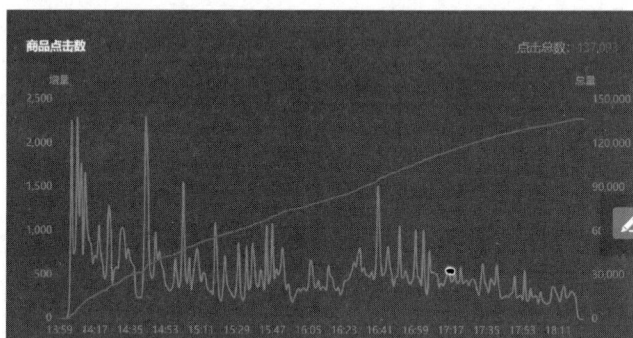

图2-4　商品点击数

3. 关注人气数据

大多数主播都比较关注自己直播间的人气数据，因为人气数据在一定程度上决定了直播的效果。人气数据体现了用户的信任度。只有信任，用户才会在直播间里买东西。人气数据包括观看人次、人气峰值、平均在线、累计点赞、涨粉人数、转粉率等。图2-5所示为某直播间的人气数据。

图2-5　某直播间的人气数据

4. 收集用户需求反馈

复盘时，主播还应当尽可能多地收集用户的反馈信息。反馈的来源包括直播时的评论、私信，以及客服收集的用户问题等。这些内容不仅有利于主播解决问题，还反映了用户对直播或者对商品的需求。

5. **及时进行调整完善**

在对所有数据分别进行比较之后，主播有必要记下改进之处，并在下一次直播中加以实施。主播在直播过程中会遇到突发情况，如果能够解决，主播将积累经验，今后能更冷静地应对突发事件。主播通过不断锻炼自己，就能够把这些经验变成个人能力。

直播复盘的目的就是把实践经验拿出来分析，找到做得好和不好的地方，来进行持续的优化，为下一场直播做准备。

2.2 直播设备的准备

工欲善其事，必先利其器。优质的直播效果依赖于专业的直播设备。通常来说，直播需要的设备主要有摄像头、自拍杆和手持稳定器、话筒、计算机和手机，以及直播间的其他设备。

微课视频

直播设备的准备

2.2.1 摄像头的选择

摄像头是直播的基础设备，目前既有固定支架摄像头，也有软管式摄像头，还有可拆卸式摄像头。

（1）固定支架摄像头如图2-6所示。其可以独立置于桌面，或者夹在计算机显示器屏幕顶端，使用者可以转动摄像头的方向。这种摄像头的优势是比较稳定，有些固定支架摄像头甚至自带防震动装置。

（2）软管式摄像头带有一个能够随意扭曲的软管支架，如图2-7所示。这种摄像头上的软管能够多角度调节，即使被扭成S、L等形状后仍可以固定，有助于主播实现多角度拍摄。

（3）可拆卸式摄像头是指可以从底座上拆卸下来的摄像头，如图2-8所示。这种摄像头能被内嵌、扣在底座上，主播可以使用支架或其他工具将其固定在计算机显示器屏幕顶端或其他位置。

图2-6　固定支架摄像头　　图2-7　软管式摄像头　　图2-8　可拆卸式摄像头

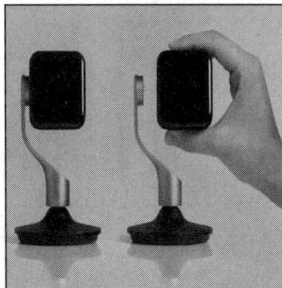

Chapter 2

2.2.2　自拍杆和手持稳定器的选择

为了防止直播时画面抖动，必要时主播可以使用自拍杆。如果资金预算比较充足，主播可以选择专业的手持稳定器。

（1）自拍杆。自拍杆能够有效避免"大头画面"的出现，让直播画面更加完整，更加具有空间感。自拍杆的种类非常多，如带蓝牙的自拍杆、能够多角度调节的自拍杆，以及带美颜补光灯的自拍杆等。就户外直播而言，带美颜补光灯的自拍杆和能够多角度调节的自拍杆更受欢迎。图2-9所示为自拍杆。

（2）手持稳定器。在户外直播时，主播通常需要到处走动，一旦走动，镜头就会出现抖动，这样必定会影响用户的观看体验。虽然一些手机具有防抖功能，但是其防抖效果有限，这时主播需要配置手持稳定器来保证拍摄画面的稳定。手持稳定器如图2-10所示。

图2-9　自拍杆

图2-10　手持稳定器

2.2.3　话筒的选择

除了视频画面，直播时的音质也直接影响直播的质量，所以话筒的选择也非常重要。话筒主要分为动圈话筒和电容话筒。

（1）动圈话筒如图2-11所示，其显著的特点是声音清晰，能够将高音真实地还原。动圈话筒又分为无线动圈话筒和有线动圈话筒，目前大多数无线动圈话筒支持苹果及安卓系统。动圈话筒的不足之处在于其收集的声音的饱满度不足。

（2）电容话筒如图2-12所示，其收音能力极强，音效饱满、圆润，听起来非常舒服，不会产生尖锐高音。如果直播唱歌，主播就应该配置一个电容话筒。由于电容话筒的敏感性非常强，容易"喷麦"，因此主播使用时可以给其装上防喷罩。

图2-11　动圈话筒

图2-12　电容话筒

2.2.4　计算机和手机的选择

用于直播的两大设备是计算机和手机，两者各有利弊。下面将为大家详细地讲解如何选择计算机和手机。

1. 计算机

在4G刚刚普及，而移动智能设备的用户数量远没有现在这么多时，直播对于普通人来说还是一个新兴的互联网行业。从事直播的人所采用的直播设备就是计算机，而直播对于这类设备的配置要求比较高，计算机的性能与直播的体验往往呈正相关关系。

在各大电商平台可以搜索市场上主流的计算机品牌和热门的计算机型号。图2-13所示为京东商城中热门的计算机。

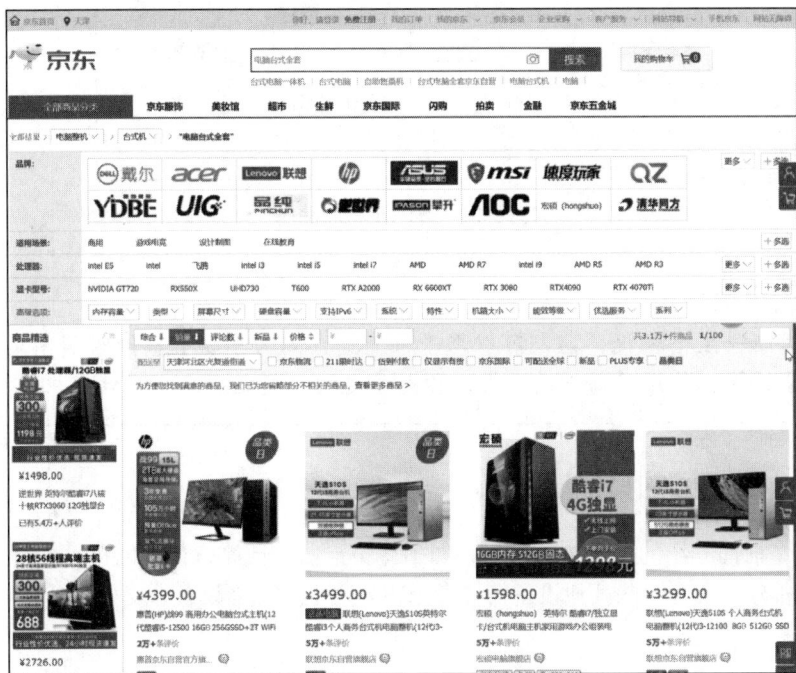

图2-13　京东商城中热门的计算机

2. 手机

与计算机直播相比，手机直播的方式更加简单和方便，只需要一台手机，然后安装一款直播平台的App，再配上一副耳机即可。手机直播适用于那些把直播当作一种生活娱乐方式的人或者刚开始直播的新人，因为手机的功能没有计算机强大，有些专业的直播操作在手机上无法实现，所以直播对手机配置的要求没有计算机那么高。虽然如此，对手机设备的选购也是需要仔细考虑和斟酌的。

手机的选购和计算机一样，要注意配置参数，然后在预算范围内选择一款自己喜欢的。图2-14所示为热门手机和品牌。

图2-14　热门手机和品牌

🎓 小提示

　　对新手主播来说，前期可以用手机直播，因为手机直播能吸引附近的人进入直播间；稳定开播一段时间，积累一定的人气之后，再用计算机直播。

2.2.5　直播间的其他设备

　　除了前面介绍的摄像头、自拍杆和手持稳定器、话筒、计算机和手机这些主要直播设备外，还有一些其他设备需要考虑，如声卡、灯光设备、支架和耳机。

1. 声卡

　　声卡（见图2-15）是直播时使用的专业收音和声音增强设备。一个声卡可以连接4个设备，分别是电容话筒、放伴奏用的手机或平板电脑、直播用的手机和耳机。

2. 灯光设备

　　为了调节直播环境中的光线效果，需要配置灯光设备，图2-16所示为环形补光灯，图2-17所示为八角补光灯。专业级直播则需要配置专业的灯光设备，如柔光灯、无影灯、美颜灯等，以打造更加精致的直播画面。

3. 支架

　　支架是用来放置摄像头、手机或话筒的，它既能解放主播的双手，也能增加摄像头、手机、话筒的稳定性。图2-18所示为摄像头三脚架，图2-19所示为手机支架，图2-20所示为话筒支架。

图2-15 声卡

图2-16 环形补光灯

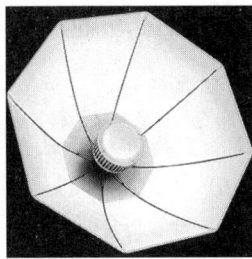

图2-17 八角补光灯

图2-18 摄像头三脚架

图2-19 手机支架

图2-20 话筒支架

4. 耳机

耳机可以让主播在直播时能够听到自己的声音，从而控制音调等。一般来说，入耳式耳机和头戴式耳机比较常见，分别如图2-21和图2-22所示。大多数主播会选择使用入耳式耳机，因为这种耳机不仅可以避免头部被夹产生的不适感，还比较美观。

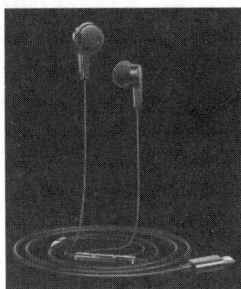

图2-21 入耳式耳机

图2-22 头戴式耳机

2.3 直播场地的准备

微课视频

直播场地也是非常重要的，直播场地的效果往往影响用户对直播间的第一印象。本节介绍直播场地的准备。

直播场地的准备

Chapter 2

29

2.3.1 直播场地的基本要求

直播场地的基本要求，可以分别从室内和室外两个场景来讲。

1. 室内直播场地的基本要求

（1）隔音效果良好，能够有效避免杂音的干扰。

（2）有较好的吸音效果，能够避免产生回音。

（3）光线效果好，能够有效提升主播和商品的美观度，减小商品的色差，提升直播画面的视觉效果。

（4）空间充足，面积一般为10～40平方米。如果需要展示一些体积较大的商品，如钢琴、冰箱、电视机等，要注意空间的深度，确保能够完整地展示商品，直播画面美观。

（5）如果需要使用顶光灯，则要考虑室内空间的层高，层高一般控制在2.3～2.5米，要保证能够给顶光灯留下足够的空间，避免顶光灯位置过低而导致顶光灯入镜，影响画面的美观度。

（6）为了避免直播画面过于凌乱，在直播时不能让所有的商品同时入镜。因此在直播商品较多的情况下，直播间要留出足够的空间放置其他商品。此外，有些直播间会配置桌椅、黑板、花卉等道具，也要考虑为这些道具预留空间。

（7）有些直播中除了主播还有副播、助理等人员，因此也要考虑为这些人员预留出工作空间。

2. 室外直播场地的基本要求

室外场地比较适合直播体积较大或规模较大的商品，或需要展示货源采购现场的商品。选择室外场地作为直播场地时，室外场地不宜过大。因为在直播过程中主播不仅要介绍各类商品，还要回答用户提出的一些问题，如果场地过大，主播容易把时间浪费在行走上。

2.3.2 直播场地的场景布置

虽然对直播场地的场景布置并没有统一的硬性标准，主播可以根据自己的喜好进行设计与布置，但总体上要遵守以下原则。

1. 直播场地要干净、整洁

很多主播不会准备专门的直播场地，而是选择在家或者寝室进行直播。无论选择何处作为直播场地，首先要保证直播场地的干净、整洁。因此，在开播之前，主播首先要将直播场地整理干净，将各种物品摆放整齐，创造一个干净、整洁的直播环境。

2. 定位直播间的整体风格

在布置直播场地前，主播要从直播的类型入手，明确这个直播间是展示才艺的直播间，还是电商"带货"的直播间，然后根据直播内容定位直播间的整体风格。

例如，对于爱好音乐、脱口秀，装扮甜美、可爱的泛娱乐女主播来说，其在布置直播场地时可以采用清新风格，背景墙可以选择粉红色等暖色调，营造一种温暖、清新、甜美的感觉。而对于电商"带货"类直播来说，直播间则要突出营销的属性，可以用要销售的商品来装饰直播。图2-23所示为电商"带货"类直播间。

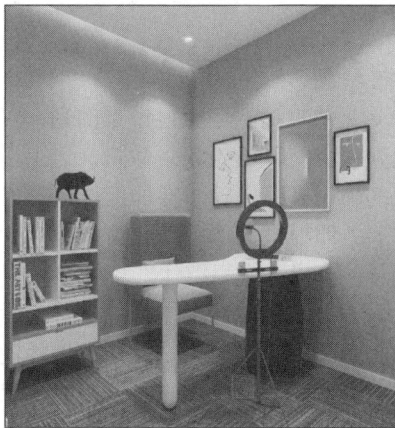

3. 直播间的环境要与主播格调一致

这里所说的主播格调指的是主播的妆容、服装风格等。如果直播间的环境风格能够与主播的妆容、服装风格保持一致，就能让直播画面在整体上看起来和谐统一，给用户带来浑然一体的感觉。

4. 利用配饰适当点缀

利用一些别具一格的配饰点缀直播场地，可以增加直播间的活力，同时也可以让用户对主播有更多的了解。例如，主播可以在置物架上放置一些自己喜欢的书籍、玩偶、摆件等。图2-24所示为用配饰点缀的直播间。这样不仅能够增加直播间的活力，还能突出主播的品位和个性特征。主播要合理安排配饰的摆放位置，切勿让直播间显得过于杂乱。

图2-23　电商"带货"类直播间

图2-24　用配饰点缀的直播间

5. 背景布放置的距离要合适

如果想节约直播场地布置成本，或者直播场地布置达不到心理预期，就可以尝试使用背景布。图2-25所示为使用背景布的直播间。质量上乘的背景布配上合适的灯光和特效，能够形成很好的立体效果，让直播间场景达到以假乱真的程度。需要注意的是，在直播间内使用背景布时，背景布与主播之间的距离要合适，若距离太近，会让人感觉背景对主播有一种压迫感；若距离太远，则会让背景显得不真实。

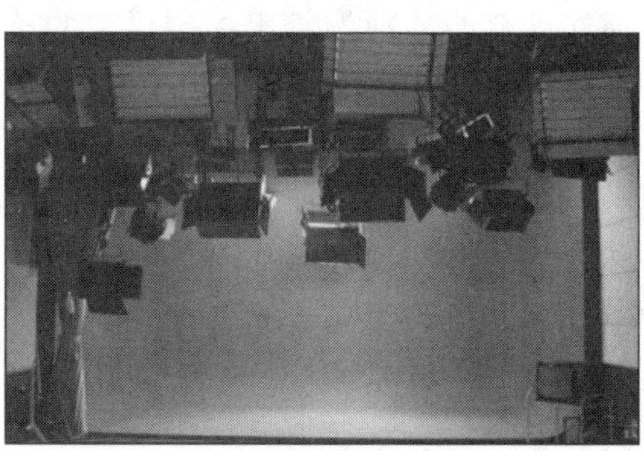

图2-25　使用背景布的直播间

2.3.3　直播场地的灯光布置

在布置直播场地时，除了放置好背景、物品，灯光布置也非常重要。因为灯光不仅可以营造气氛、塑造直播画面的风格，还能起到为主播美颜的作用。

按照光线造型作用来划分，直播间内用到的灯光可以分为主光、辅助光、逆光、背景光和顶光。不同的灯光采用不同的布置方式，其营造出来的光线效果也不同。

1.　主光

在直播中，主光是主导光线，决定着画面的基调。同时，主光是照射主播的主要光线，准确布置主光，可以让主播的脸部均匀受光。因此，布光时，只有确定了主光，才能添加辅助光、背景光和逆光等。

主光应该正对主播的面部，与直播所用摄像头的光轴形成0～15度的夹角，这样会使照射到主播面部的光线充足、均匀，并使主播面部的肌肤显得柔和、白皙。借助主光可以在主播鼻子下制造出对称的阴影，而不会在上嘴唇或者眼窝处制造太多阴影。但是，由于主光是正面光线，仅用主光会让直播画面缺乏立体感。

2.　辅助光

辅助光是从主播侧面照射过来的光，可以起到一定的辅助照明作用。使用辅助光能够增强主播整体形象的立体感，让主播的侧面轮廓突出。例如，从主播左前方照射过来的辅助光可以使主播的面部轮廓产生阴影，从而突出主播面部的立体感；从主播右后方照射过来的辅助光可以提高主播右后方轮廓的亮度，并与主播左前方的光形成反差，增强主播整体造型的立体感。

辅助光光源要放在距离主播较远的位置，以让主播五官立体，同时也能照亮周围环境的阴影。因为辅助光光源距离主播比主光光源更远，所以其只能照亮而不能完全消除阴影。在调试辅助光时，需要注意光线的亮度，避免某一处的光线太亮而导致画面中主播的某些地方曝光过度，而其他地方曝光不足。

3.　逆光

逆光是指照射方向与拍摄方向正好相反的光线。图2-26所示为逆光效果。使用逆光能够明显地勾勒出拍摄对象的轮廓，将其从直播间的背景中分离出来，从而使拍摄对象的主体形象突出。

逆光拍摄具有极强的艺术表现力，能够增强画面的视觉冲击力。在逆光拍摄中，由于暗部所占比例较大，很多细节被阴影掩盖，拍摄对象以简洁的线条或很小的受光区域出现在画面中，这种高反差的效果给人以强烈的视觉冲击，故而能产生良好的艺术效果。在布置逆光时，要注意光线的强度，如果逆光的光线过亮，拍摄对象前方的画面会显得昏暗。

4.　背景光

背景光又称环境光，是拍摄对象周围环境及背景的照明光线。其主要作用是烘托主体或者渲染气氛，以使直播间各处的亮度都尽可能和谐、统一。由于背景光最终呈现的是均匀的灯光效果，因此在布置背景光时要采取低亮度、多光源的方法。图2-27所示为背景光效果。

5. 顶光

顶光指从拍摄对象的顶部照射下来，照射方向与拍摄方向成90度的光线，如果顶光运用得当，可以为画面带来饱和的色彩、均匀的光影分布和丰富的细节。顶光从主播的头顶位置进行照射，能给背景和地面增加照明，能够让主播的颧骨、下巴、鼻子等部位的阴影拉长，让主播的面部产生投影，这有利于塑造主播的轮廓造型，同时也能够强化主播的瘦脸效果。顶光光源的位置距离主播的头顶应在两米以内。

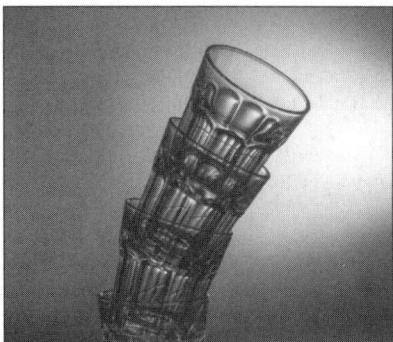

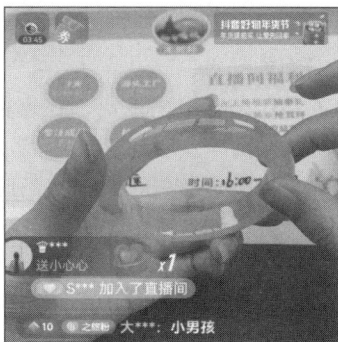

图2-26　逆光效果　　　　　图2-27　背景光效果

2.4 直播内容的准备

有价值的直播内容是直播电商能够形成有效流量的关键。做好直播内容的准备，可以让直播变得更有创意和吸引力。下面将介绍直播内容的准备。

微课视频

直播内容的准备

2.4.1 直播内容的3种类型

直播内容常见的3种类型分别是PGC、BGC、UGC，其定义如下。

• PGC（Professional Generated Content）：专业生成内容，具有个性化、视角多元化等特点。

• BGC（Brand Generated Content）：品牌生成内容，一般用于展示品牌的文化内涵和价值观。

• UGC（User Generated Content）：用户生成内容，是指用户分享自己的原创内容。

知识窗

对于主播来讲，其要想源源不断地输出优质的直播内容，平时的内容素材积累是非常重要和必要的。寻找内容素材的方法有以下几种。

- 多听音乐，学会唱不同的歌，积累音乐素材。
- 每天关注新闻热点，并有自己独特的观点和见解。
- 平时多看一些故事或段子，以便活跃气氛。
- 借鉴其他主播的优秀创意，但不能照抄。
- 多看一些热门的视频，在直播时可以现场演示。

1. PGC

PGC是一个互联网术语，在直播营销的领域中，PGC中的P（Professional）主要指话题性人物，主要有3类，即艺人、"网红"、名人（非娱乐圈的）。

（1）艺人。近年来，直播电商的兴起和火热让许多人心动不已，于是艺人顺应时代潮流，纷纷进入这个领域。

典型的一个案例就是巴黎欧莱雅的夏纳电影节艺人直播。巴黎欧莱雅是夏纳电影节的主要赞助商，聘请了众多知名艺人直播助阵。直播时，艺人们不断重复提及巴黎欧莱雅的产品，配合官网进行产品促销。

（2）"网红"。由于请艺人的成本很高，有些实力较弱的公司或者商家就会选择请"网红"进行产品的营销直播。但是一般来说，"网红"的影响力不如艺人，当然一些知名"网红"的直播"带货"能力也是很强的。

（3）名人。除了艺人和"网红"，各界知名人士（非娱乐圈的）的直播也非常火热，比如企业家或商界名人。在很多产品发布会的直播中，公司首席执行官或者其他高管亲自上阵直播介绍产品，利用自身的知名度和影响力来使产品获得更多的曝光，从而为产品的销售做好铺垫。

例如小米公司董事长曾通过视频直播的方式，对外发布了小米首款无人机产品。在发布会的直播中，他详细地介绍了小米无人机的产品功能和配置参数，并演示了无人机的试飞过程。这场直播的在线观看人数超过100万人次，直播账号涨粉数十万人。

2. BGC

BGC是指品牌生成内容，其作用就是展示品牌的文化内涵和价值观，主要包括品牌故事、公司简介、公司文化等。其实直播营销、视频营销和软文营销本质上没有什么区别，都非常重视内容的创意，但是十分具有创意的优质直播营销内容并不多见。

3. UGC

UGC是指用户生成内容，也就是用户将自己的原创内容在互联网平台分享或提供给其他用户。UGC如果运营得好，不仅能节省很多内容产出成本，而且能使内容更接近用户群体，引起用户群体的共鸣。UGC具有产出数量大、内容质量参差不齐、商业价值不高的特点。

直播营销的UGC不光指的是弹幕中的评论，还要和专业生产内容、品牌生产内容互动。直播有着社交属性，用户通过评论与主播互动时，双方便建立了联系。

2.4.2 直播内容的表现形式

主播要结合自身特点选择适合自己的直播内容表现形式。比较常见的直播形式主要有以下几种。

✎ **课堂讨论**

说一说直播内容的表现形式有哪些。

1. 娱乐幽默式直播

很多主播会以娱乐、幽默的形式来直播，如表演脱口秀、讲幽默段子，让用户在碎片化的时间里得到消遣。能让人捧腹大笑的直播，比较容易迎合用户的心理需求，更容易获得用户的关注。

2. 才艺表演式直播

才艺表演式直播是指主播通过才艺表演的形式来呈现直播内容，如魔术、音乐、舞蹈等。在这种直播中，主播可以将语言作为表现直播内容的辅助手段。才艺表演式直播不能只是主播自顾自地表演，还要配合用户进行互动，这样才能增强直播的互动性，让缺少语言交流的直播显得有趣。

不过才艺表演式直播对主播的要求比较高，主播的表演能力要强，音乐要好听，舞蹈要好看，没有这方面才能的人是无法做这种直播的。

3. 实用培训式直播

实用培训式直播是指主播以授课的方式，在直播中教授知识与技能，如教授生活技巧、美食制作方法等。这样的直播能够让用户在观看直播、放松身心的同时学习某些技能或知识。直播平台上有很多制作美食的直播，很多年轻用户不会做饭但有学习的意愿，直播中的菜品制作步骤简单、菜式精致，实用性较高，因此这类直播较受年轻用户的欢迎。图2-28所示为直播制作甜点。

4. 卖货式直播

卖货式直播是指主播通过在直播中向用户推荐物美价廉的商品来吸引其关注，以引导其购买商品。卖货式直播如图2-29所示。

5. 开箱评测式直播

开箱评测式直播是指主播拆箱并介绍商品的直播。在这类直播中，主播需要客观、诚实地描述商品的特点及使用商品的体验，让用户全面、真实地了解商品的功能等。

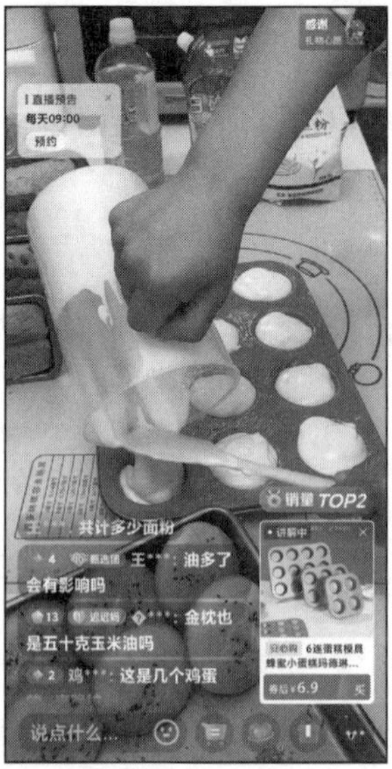

图2-28　直播制作甜点

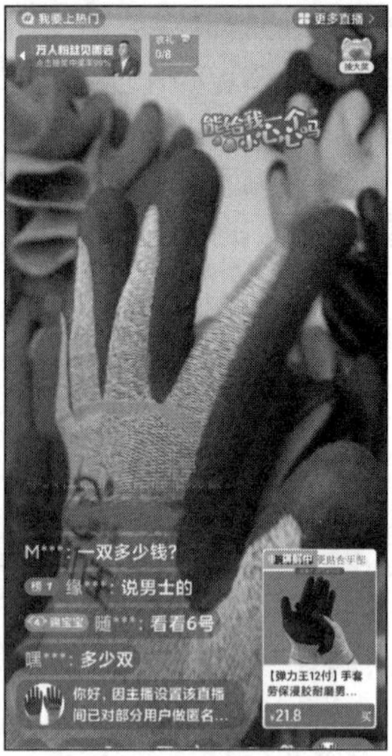

图2-29　卖货式直播

2.4.3　选择擅长的领域

做直播不能一味地追求噱头，主播要先找到自己喜欢并擅长的领域，这样才能在直播中发挥自身优势，创作出受用户欢迎的直播内容。

有些人喜欢的领域很多，如旅游、美术、音乐、舞蹈、美食等，因此要找到自己最喜欢的领域。好好审视自己做过的哪些事情是被别人赞扬得最多的，这些事情很可能就是你的天赋、专长所在。

例如，主播如果对"吃"非常有研究，那么可以从美食入手来策划直播内容。在直播中，主播并不是简单地让用户看自己吃了什么、怎么吃，而是教用户怎么做美食，让用户观看直播后能自己制作各种美食。这样用户不仅能够全程观看主播制作美食的过程，还能听主播讲解其中的注意事项，并与主播进行互动，从而大大提升直播内容的观看效果。

2.4.4　挖掘直播用户需求

主播只有真正尊重用户，真正掌握用户需求，才能获得用户认可。主播要想打造高质量的直播内容，就要从用户的需求出发，聚焦用户的痛点，即寻找用户的兴趣点和刚需，挖掘其最关心的内容。所谓"需求至上"，就是说只有当直播的内容刺中用户的痛点时，才能持续吸引其关注，并让其产生依赖，进而提高留存率。

在挖掘用户需求让用户产生共鸣时，主播要注意以下事项。

1. 与用户建立情感连接，激发用户产生共鸣

对于很多人来说，他们之所以喜欢某个主播，是因为能够从这个主播身上找到

情感寄托。例如，某个主播非常平易近人，那么这个主播的情感标签就是"温和""和蔼"，其能够给用户以亲切感。主播只有和用户建立情感连接，才容易激发用户产生共鸣。

2. 为用户创造超越心理预期的内容

主播要想激发用户对直播内容进行分享和口碑宣传，就要创造令用户触动和喜悦的内容，而关键点不外乎两个：一是在直播的细节上让用户感受到贴心，二是让用户从直播中获得既定内容以外的收获。

在生活中，惊喜容易给人留下深刻的印象，而持续的惊喜容易令人感动，人们会将创造惊喜的人牢牢地刻在脑海中。因此，主播应创造能够超越用户心理预期的直播内容，给用户带来惊喜感。

3. 运用同理心，站在用户的角度进行思考

主播要懂得换位思考。主播应设想如果自己是直播间的用户，自己希望从直播中获得什么样的内容与细节，什么样的内容与细节能够让自己感动，然后在直播过程中尽量满足这些需求。例如，有的人观看直播，除了想看主播展示才艺、技能，还想与主播进行互动，以体现自己的存在感。因此，主播在直播时要随时与这类用户进行互动，这样更容易让其感觉自己受到了重视，从而关注主播，甚至信任主播。

📖 **素养提升**

网络主播要遵守行为规范

凡事要把握好度，不能张口即来。如果主播在说话时经常夸大其词、不看对象、词不达意，就会引发用户反感。因此，主播要避开争议性词语、敏感性话题，以文明、礼貌为前提，让表达的信息既能够直击用户内心，又能够营造融洽的直播间氛围。

网络主播在传播科学文化知识、丰富精神文化生活、促进经济社会发展等方面，肩负重要职责、发挥重要作用。网络主播应当坚持健康的品位，自觉摒弃低俗、庸俗、媚俗等低级趣味，自觉反对流量至上、畸形审美、"饭圈"乱象、拜金主义等不良现象，自觉抵制违反法律法规、有损网络文明、有悖网络道德、有害网络和谐的行为。

2.4.5　提升直播内容的专业性

主播要想长久地吸引用户观看自己的直播，不能靠撒娇等手段，而应该从为用户提供具有专业性的直播内容入手，让用户能够从直播中获得新的、有价值的信息，从而对主播保持长期的关注。

例如，主播可以通过直播做菜，让用户学会美食的制作方法；主播可以通过直

播锻炼身体，让用户了解如何正确地健身；主播可以通过直播财务教学，让用户掌握更多的财务知识；主播可以通过"带货"直播，让用户购买到令他们心仪的商品。

总而言之，只要主播能够持续地为用户带来有价值的信息，用户就会认可主播的专业度，从而长期对主播保持关注。图2-30所示为某主播的绒花制作教学直播画面。

图2-30　绒花制作教学直播画面

2.5 直播脚本的准备

一场直播，主播和商品选择的重要性不言而喻，但一场成功的直播也离不开一个逻辑严谨、内容连贯的直播脚本。

2.5.1 直播脚本的定义

直播脚本就是直播的剧本，它以一篇稿件为基础，形成直播的工作框架，规范并引导直播有序地推进。在直播过程中，主播在没有脚本的情况下介绍商品，容易因信息琐碎而产生重点与卖点不突出的问题，或时间控制不当导致商品介绍超时或剩余时间过多等一系列问题。

一场好的直播离不开一个设计严谨的脚本。直播脚本就像电影的大纲一样，可以让主播把控直播的节奏、规范直播的流程、达到预期的目标，让直播效益最大化。

直播脚本一般以完整的直播为单位，或以单品解说为单位。一般来说，整场直播脚本应强调流程、时间、工作配合、技术指导等；单品直播脚本应侧重于突出商品卖点，强调与用户利益的结合点，以及如何在直播中以体验的方式证明商品的真实性、优惠性等。

2.5.2　直播脚本核心要素

在进行直播脚本策划之前，直播运营团队首先要明确直播脚本的核心要素，其包括明确直播主题、把控直播节奏、调度直播分工、控制直播预算。直播脚本的核心要素如图2-31所示。

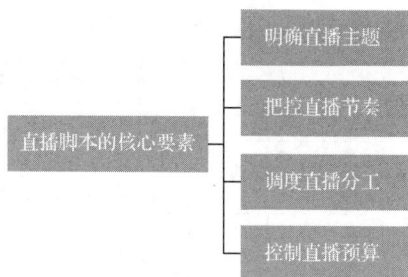

图2-31　直播脚本的核心要素

1．明确直播主题

直播主题是直播的核心，整场直播的内容需要围绕直播主题进行拓展。要明确直播主题，首先要明确本场直播的目的，如是提高企业的知名度还是开展大型促销活动。明确直播主题，吸引用户观看直播，是直播电商中最关键的步骤之一。

俗话说，好的开头是成功的一半。选好直播主题也是如此。直播主题可以是当下的热点主题，也可以是传统节日主题，或者商家自己创造的节日主题，如品牌诞生周年纪念日等。

2．把控直播节奏

主播把控直播节奏可以通过预习当天的直播内容、熟悉当天直播的商品来实现。把控直播节奏在很大程度上可以让直播有条不紊地进行。

一个合格的直播脚本的内容安排应具体到分钟。比如8点开播，8点到8点10分进行直播间的预热、向用户打招呼等。

另外，直播脚本的内容还应包括对商品介绍的安排，如一个商品介绍多长时间。直播运营团队只有尽可能地把时间规划好，才能按照计划来执行。直播运营团队可以为每一款商品定制一个简单的单品直播脚本，以表格的形式将商品的卖点和优惠活动标注清楚，以避免主播在介绍商品时手忙脚乱、混淆不清。

3．调度直播分工

直播脚本中调度直播分工方面的内容可以指导主播、副播、运营人员的动作、行为、话术等。

4．控制直播预算

单场直播需要控制成本，中小商家可能预算有限，直播运营团队可在直播脚本中提前设计好能承受的优惠券金额或者促销活动、赠品支出等，以控制直播预算。

2.5.3　整场直播脚本策划

一场直播通常会持续几个小时，在这几个小时里，主播先讲什么、什么时间互动、什么时间推荐商品、什么时间送福利等，都需要提前规划好。因此，直播运营团队需要提前准备好整场直播脚本。

　　整场直播脚本是对整场直播活动的内容与流程的规划与安排，重点是规划直播活动中的玩法和直播节奏。整场直播脚本的内容，一般包含直播主题、直播目标、主播介绍、直播时间、注意事项、人员安排、直播流程等，如表2-1所示。

表2-1　整场直播脚本的内容

直播脚本内容	具体说明
直播主题	从用户需求出发，明确直播的主题，避免直播内容没有营养
直播目标	明确直播要实现何种目标，如是积累用户、提高用户进店率，还是宣传等
主播介绍	介绍主播的姓名、身份等
直播时间	明确直播开始、结束的时间
注意事项	说明直播中需要注意的事项
人员安排	明确参与直播人员的职责，例如：主播负责引导关注、讲解商品、解释活动规则；助理负责互动、回复话题、发优惠信息等；客服负责修改商品价格、与用户沟通，实现订单转化等
直播流程	直播流程要非常具体，要详细说明开场预热、商品讲解、说明优惠信息、抽奖或发福利、用户互动、结束直播前送出小礼品、下一场直播预告等环节的具体内容。例如，什么时间讲解第一款商品、具体讲解多长时间，什么时间抽奖等，直播运营团队应尽可能把时间都规划好，并按照规划来执行

🎓 小提示

　　优秀的整场直播脚本是要考虑到细枝末节的，让主播从上播到下播都有条不紊，让每个参与人员、道具都得到充分的调配。

2.5.4　单品直播脚本策划

　　单品直播脚本是围绕单个商品设计的脚本，核心是突出商品卖点。在一场直播中，主播会向用户推荐多款商品，主播必须对每款商品的特点和应采用的营销手段有清晰的了解，这样才能更好地将商品的亮点和优惠信息传达给用户，刺激用户的购买欲望。因此，为了帮助主播明确商品的特点，熟知对每款商品应采用的营销手段，直播运营团队可为直播中的每款商品都准备一个直播脚本。

　　直播运营团队可以将单品直播脚本设计成表格形式，其主要包括品牌介绍、商品卖点、直播利益点、直播时的注意事项等内容。这样既便于主播全方位地了解直播商品，也能有效地避免相关人员在对接过程中产生疑惑。表2-2所示为某品牌一款电饭锅的单品直播脚本。

表2-2　某品牌一款电饭锅的单品直播脚本

项目	宣传点	具体内容
品牌介绍	品牌理念	强调电饭锅品牌、品质，企业创始人或企业领袖创办企业的动机、经历、精神，商品开发的历程等

项目	宣传点	具体内容
商品卖点	商品基本属性	突出电饭锅产地、价格、颜色、型号、大小、用途、材料、工艺、文化内涵、包装
直播利益点	商品促销信息，强调性价比	① 开场满送（开播前为了聚人气，直播间人满多少抽奖）； ② 整点抽奖（每到整点截屏抽奖，让用户持续关注）； ③ 优惠券促销（在直播间氛围不佳时推出，可有效提高人气）； ④ 问答抽奖（直播间设定问题，用户答对可参与抽奖）
直播时的注意事项		① 在直播进行过程中，直播间界面持续显示"关注店铺"卡片； ② 引导用户分享直播间、点赞等； ③ 引导用户加入粉丝群； ④ 引导用户下单

知识窗

一个直播脚本的质量，需要通过真实的直播来验证。所以每次直播后，直播运营团队都需要及时复盘不同阶段的数据和问题，分析直播在不同节点的优缺点，进而对脚本进行改进和优化。通过多次直播的锤炼，直播运营团队可形成一套适合自己直播间的脚本制作策略，让脚本高效地为直播服务，帮助商品销量不断提升。

2.5.5　直播脚本策划实战案例

下面以淘宝直播为例，为大家介绍直播脚本策划实战案例。

（1）直播主题。直播主题即直播间的标题，该直播的主题为"时尚女装6·18大促"。

（2）主播介绍。此次直播的主播是"×××"，该主播的身份是时尚女装品牌主理人。

（3）直播时间。2023年6月18日14:00到18:00。

（4）直播流程。直播流程共12个环节，具体内容如表2-3所示。

表2-3　直播流程

环节	时间	具体内容
前期准备		直播预热宣传、明确直播目标、直播人员分工、直播设备检查、产品梳理等
开场预热	14:00～14:15	与前来的用户适度互动，让用户关注直播间，进行自我介绍等
品牌介绍	14:16～14:30	介绍品牌信息，强调订阅店铺
直播活动介绍	14:31～15:00	介绍直播福利，简要说明直播流程
产品讲解	15:01～16:00	以产品展示为主，从外到内、从宏观到微观，语言生动真实
产品测评	16:01～16:30	从用户的角度全方位体验产品

续表

环节	时间	具体内容
产品性观众互动	16:31～17:00	为用户讲解产品使用案例、分享故事、解答疑问等
试用分享、全方位分析	17:01～17:15	客观地介绍产品的利弊，切忌夸大其词
抽奖	17:16～17:30	抽奖互动，穿插用户问答
活动总结	17:31～17:45	再次强调品牌、活动以及自我定位
结束语	17:46～18:00	准备下播，引导关注，预告下次内容和开播时间
复盘		直播结束之后对整个过程及时复盘，发现问题，调整脚本，优化不足

以上就是淘宝直播脚本策划的整个流程。制定一份详细、清晰和可执行的脚本，并且考虑各种突发状况的应对方案，才能最大限度地保证直播的顺畅进行和达到预期目标。

小提示

需要注意的是，直播脚本的内容并不是一成不变的，只有不断地优化和调整才能在直播中游刃有余。一份出色的直播脚本是直播取得不错效果的必要条件，可以让直播有质的提升。

2.6 直播前的预热

对于直播主播来说，要想让自己的直播达到预期的效果，一定要做直播前的预热，预热关系到观看直播的用户数量，影响主播的人气和直播的热度。本节主要讲解直播前的预热，包括直播预热时机、直播预热渠道、直播预热文案写作等内容。

2.6.1 直播预热时机

直播预热时机与用户在社交平台上的活跃时间、直播预热与正式直播的间隔时间等因素息息相关。

1. 用户在社交平台上的活跃时间

与相对固定的直播时间不同，直播预热的时间灵活很多。由于用户白天通常在工作或学习，直播的人气峰值一般出现在19点至22点，这是大多数用户的休息时间，用户利用休息时间看直播的可能性更高，因此"带货"效果更好，转化率也更高。图2-32所示为某直播间粉丝活跃时间分布情况。

短视频平台、微博、微信公众号等都可以成为直播预热的平台，所以商家要了解这些平台用户的活跃时间。需要注意的是，直播预热的时间应尽量在用户活跃峰值出现前的半个小时左右，这样可以给用户更多的反应时间，以免错过用户活跃峰值。

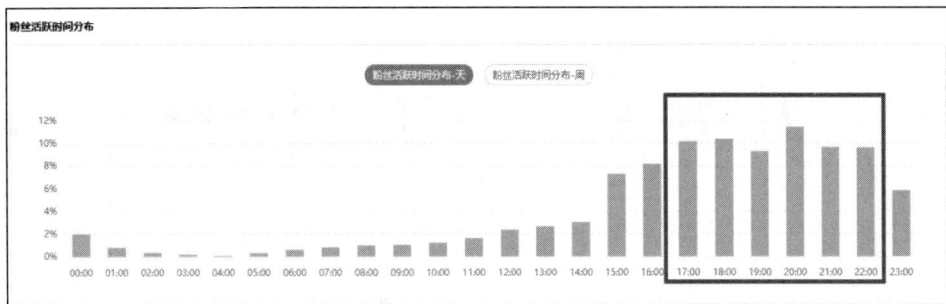

图2-32　粉丝活跃时间分布

2．直播预热与正式直播的间隔时间

直播预热与正式直播的时间间隔不能太长，否则很容易让用户遗忘预热信息；但也不能太短，否则直播预热效果很难呈现出来。商家要在正式直播的1～7天前进行直播预热，预热信息一般会在这段时间内被大量用户看到。当关注度达到顶峰时，商家再开始正式直播，可以很好地避免热度衰减。

商家把握以下4个直播预热的时间，能很好地增加直播时直播间的流量。

（1）开播前一周。举个例子，商家如果打算做一场新款产品推荐直播，那就需要提前一周进行预热。直播预热内容可以是一段在车间里加工该产品的视频，商家注意要在视频最后告知用户该产品的推荐直播的信息。

（2）开播前三天。在开播前三天，商家可再进行一次直播预热以透露更多的信息，如这次直播会给用户带来多少福利、正式直播的时间等。

（3）开播前一天。开播前一天商家可继续为直播预热，此时可以发一段新品视频，然后问用户是否感兴趣，并再次强调次日几点开始直播。

（4）开播前半小时。最后一次预热是在开播前半小时，商家需要告诉用户今天的直播主题及直播结束前的惊喜福利。

2.6.2　直播预热渠道

多渠道预热能够让更多用户了解直播信息，也能为直播"带货"营造良好的氛围，激发用户的购物热情。常见的直播预热渠道有直播平台私域场景、企业官网、电商平台、社交平台及线下实体店等。

1．直播平台私域场景

对于抖音、快手等直播平台来说，商家可以利用的私域场景主要是账号名称、账号简介、粉丝群等。

商家在直播之前可以更新账号名称和账号简介，如在账号名称中加括号备注直播信息，也可以在账号简介中以文案的形式说明直播时间，如"每天9:00和13:30开始直播"。图2-33所示为在账号简介中说明直播时间。

商家也可以创建自己的粉丝群，并将加入粉丝群的方式直接展示在自己的主页中。用户加入粉丝群后，商家可以在粉丝群里公告直播信息，如图2-34所示。

图2-33　在账号简介中说明直播时间　　　图2-34　在粉丝群里公告直播信息

2. 企业官网

企业官网拥有新闻发布、口碑营销、商品展示等功能，是企业面向社会的重要窗口。因此，主播和企业合作推销商品时，可以利用该企业的官网进行直播预热。

有些用户并不关注直播，但是他们会通过企业官网关注自己心仪的商品。主播通过企业官网进行直播预热，能够吸引这些关注该企业的用户前来观看直播。

例如，某主播与某手机品牌达成合作，以首席体验官的身份体验并推销该品牌的新款手机。在直播之前，为了吸引更多用户来观看直播，该主播在该手机品牌的官网上发布了直播预告。一些以前不关注直播，但是关注该手机品牌的用户通过该手机品牌官网上的直播预告了解到新款手机的直播信息，就在直播当天进入主播的直播间购买手机。也就是说，这位主播通过在该手机品牌的官网上发布直播预告的方式吸引了更多用户的关注。

3. 电商平台

电商平台是连接商家和用户的重要渠道，因此商家可以通过电商平台进行直播预热。以淘宝平台为例，商家通过淘宝平台进行直播预热的优势是十分明显的。

淘宝平台的首页有直达淘宝直播的入口，商家可以将自己的直播预告发布在淘宝平台上。但是，淘宝平台上的直播信息众多，要想引起用户的注意，商家就要在设计直播预告时多花一些心思。

商家在设计直播预告时，要确保直播预告能够迅速吸引用户的目光。商家可以通过图文和视频结合的方式讲明直播的重点内容，同时还要为直播预告确定一个吸睛的标题。因为吸睛的标题能够让更多用户关注商家的直播。图2-35所示为淘宝平台直播预热。

同时，淘宝平台的直播激励机制对于商家而言是十分友好的。当商家制作的直播预告内容足够优质时，淘宝平台会将商家的直播预告内容放在直播广场显眼的地方，以让更多用户看到。

在其他电商平台进行直播预热也是如此，电商平台的用户优势、直播激励机制等都会为商家进行直播预热提供支持。因此，商家一定要重视电商平台的作用，借助电商平台的力量做好直播预热。

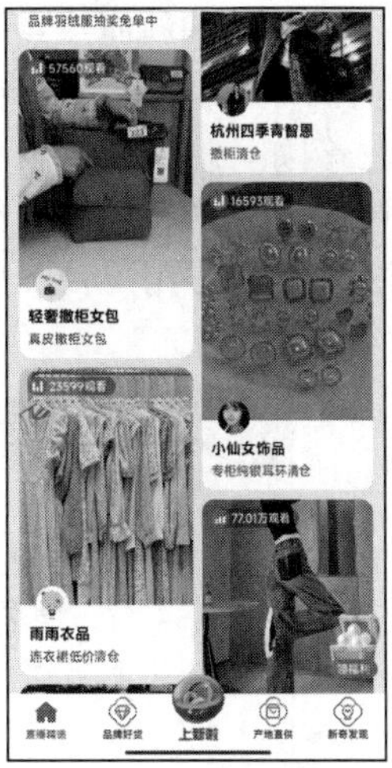

4. 社交平台

随着移动互联网的快速发展，人们与各种社交平台的联系越来越紧密。人们会用QQ、微信等平台来工作，用微博、豆瓣等平台来了解时事、发表看法等，很多人都把闲暇时间用在了各种社交平台上。主播要抓住这一点，在社交平台上进行直播预热。

图2-35 淘宝平台直播预热

（1）通过微信发布直播预告。商家在微信上可以通过多种方式来发布直播预告。第一，商家可以通过朋友圈宣传直播时间和福利，并设置转发福利。例如，"转发此条信息至朋友圈，可凭截图领取5元代金券"，这样便可以激励用户转发直播预告，实现直播预热。图2-36所示为在朋友圈预告直播时间和福利。第二，商家可以通过微信公众号发布直播预告，说明直播的时间和主题。图2-37所示为通过微信公众号发布直播预告。商家还可以将直播间的直达链接添加在微信公众号发布的内容中，让用户能够便捷地进入直播间。

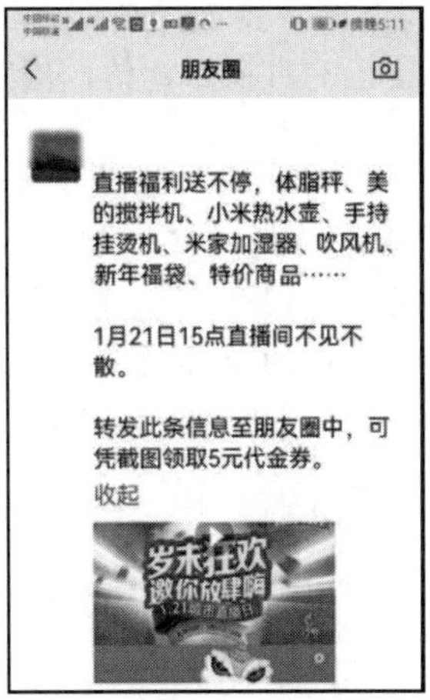

图2-36 在朋友圈预告直播时间和福利

图2-37 通过微信公众号发布直播预告

（2）通过微博发布直播预告。除了微信，商家也可以在微博上发布直播预告。一些知名主播就经常在微博上进行直播预热，告诉粉丝具体的直播时间和直播内容。

微博上的新闻热点层出不穷，为了让更多人看到直播预告，商家可以通过转发抽奖的方式来引导用户转发微博。

例如，商家可以设置"关注+转评赞，抽3人分别送……"的抽奖活动。图2-38所示为在微博发布直播预告。转发抽奖活动可以充分调动用户转发微博的积极性。商家积极引导用户转发直播预告，可以增加直播预告的曝光度，进而在正式直播时获得更多关注。

图2-38　在微博发布直播预告

（3）微博、微信"大V"的付费宣传。微博、微信"大V"拥有庞大的粉丝群体，具有很强的号召力和影响力。微博、微信"大V"的宣传能力要比一般的微博、微信账号强。商家可以请微博、微信"大V"为自己的直播做宣传，借助其影响力使自己的直播间获得更多关注，从而提高转化率。

小提示

商家要注意的是，不同的"大V"有不同的定位。因此，在寻找微博、微信"大V"时，商家要分析其定位是否与自己所推销的商品的定位一致。只有选择合适的微博、微信"大V"，才能实现高效、精准的宣传推广。

5. 线下实体店

当自身拥有线下实体店或者与拥有线下实体店的品牌商合作时，商家可以把直播预告投放到线下实体店中。

许多习惯于在线下实体店购物的消费者或许没有接触过直播，但其对该品牌的商品是有需求的，其极有可能成为商家直播间的粉丝。因此，商家要吸引这部分消费者关注自己的直播。在利用线下实体店为直播做宣传时，商家可以从以下两方面入手。

（1）店内宣传。商家可以在店内宣传自己的直播。商家可以把直播预告内容做成传单（如图2-39所示），发放给消费者；也可以叮嘱实体店内的店员，在消费者结账时向消费者宣传商家的直播信息："您好，我们店为了回馈新老顾客，将在今晚于某某平台开启直播，直播间中的商品价格更加优惠。"对于追求实惠的消费者而言，其在听到"价格更加优惠"后，可能会按捺不住好奇心去观看直播。

（2）店外展板。商家可以在实体店的店外设置包含直播信息的展板。在设计展板时，商家需要注意将直播的重点内容写在展板上，让消费者在看到展板第一眼时就能看到与直播相关的重点内容，如直播平台、直播间的房间号、直播时间及直播中的惊喜福利等。

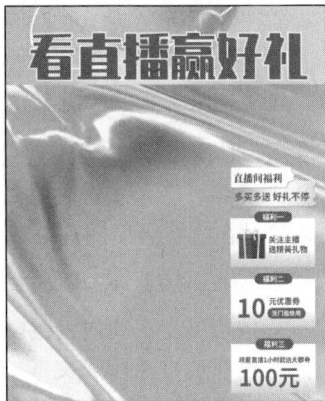

图2-39　把直播预告内容做成传单

商家把展板设置在店外，来店中购物或者路过的人可能会因看到展板，而对商家的直播内容产生好奇，进而进入直播间观看。

2.6.3　直播预热文案写作

每场直播开始之前必不可少的就是直播预告，直播预告离不开直播预热文案的写作。好的直播预热文案能起到画龙点睛的作用，戳中消费者的痛点，勾起其好奇心。下面介绍直播预热文案的写作技巧。

1. 标题

直播预热文案的标题是影响消费者进入直播间的关键因素。直播预热文案的标题的字数需要控制在12个字以内，包含商品的核心卖点或具体的内容亮点，目的是第一时间让消费者对直播内容产生兴趣。下面介绍写作直播预热文案的标题的6个技巧。

（1）标题要尽量展示品牌或商品的风格。

（2）标题要触及消费者的痛点。

（3）在标题中描绘出消费者的使用场景。

（4）标题要简单明了。

（5）在标题中要突出主播特征，如可爱、善良等。

（6）在标题中适当透露新颖的玩法。

2. 内容简介

内容简介是对标题的解释或对直播内容的概括，字数应控制在140个字以内。内容简介要简单、不拖沓，可以介绍直播嘉宾、粉丝福利、特色场景、主打商品故事等内容。直播电商文案创作者要从能够吸引消费者的角度来撰写内容简介。

3. 留下直播悬念

一场直播一般持续几个小时，所有的内容依靠直播预热文案是介绍不完的。所以，直播电商文案创作者要学会设置悬念，"留一半，藏一半"。

4. 打造直播场景

消费者可能无法直接从文字上感受到直播的价值。这时，直播电商文案创作者可以通过在文案中用图片打造与直播主题相关的场景来吸引他们。

5. 转发抽奖说明

直播预热文案的内容包括直播时间、直播内容及转发抽奖说明等。直播时间和直播内容都是直播预热文案的必备项，但直播预热文案要重点说明完成"关注+转评赞"或"转发评论"的消费者，有机会通过抽奖获得红包、大额抵用券等。直播预热文案利用抽奖引导消费者转发评论，扩大文案传播范围，这样才会有更多的人看到文案后进入直播间。

本章自测题

一、填空题

1. 直播运营的第一步就是直播前_____。

2. 直播内容常见的3种类型分别是_____、_____、_____。

3. _____就是直播的剧本，它以一篇稿件为基础，形成直播的工作框架，规范并引导直播有序地推进。

4. _____是对整场直播活动的内容与流程的规划与安排。

5. _____是围绕单个商品设计的脚本，核心是突出商品卖点。

二、选择题

1. （　　）比较适合直播体积较大或规模较大的商品，或需要展示货源采购现场的商品。

    A. 室外场地　　　　　　B. 室内场地　　　　　　C. 货源地

2. （　　）是指照射方向与拍摄方向正好相反的光线。

    A. 主光　　　　　　　　B. 逆光　　　　　　　　C. 辅助光

3. （　　）是指专业生成内容，具有个性化、视角多元化等特点。

    A. BGC　　　　　　　　B. UGC　　　　　　　　C. PGC

4. （　　）是指主播以授课的方式，在直播中教授知识与技能，如教授生活技巧、美食制作方法等。

    A. 实用培训式直播　　　B. 才艺表演式直播　　　C. 卖货式直播

5. 直播脚本中（　　）方面的内容可以指导主播、副播、运营人员的动作、行为、话术等。

    A. 把控直播节奏　　　　B. 明确直播主题　　　　C. 调度直播分工

三、简答题

1. 直播预热时机是什么？

2．直播脚本的核心要素有哪些？

3．直播场地的基本要求有哪些？

4．直播场地的场景应如何布置？

5．直播预热文案的写作技巧有哪些？

任务实训——女装销售直播脚本案例

为了更好地理解直播脚本的策划，下面通过为女装销售直播编写直播脚本进行实训。

一、实训目标

1．理解直播脚本策划的方法。

2．掌握直播脚本使用的方法。

3．掌握撰写直播脚本的方法。

二、实训内容

1．明确直播的主题。撰写女装销售脚本。

2．确定直播脚本的主要内容。直播的主要内容包括商品款式介绍、商品福利发放等。

三、实训要求

1．做好时间划分。

2．先介绍大概规则和主题。

3．重点介绍商品和福利。

直播脚本示例如表2-4所示。

表2-4　直播脚本示例

时间	直播要点
第1~5分钟	主播介绍自己和直播规则，介绍今天直播的主题和流程，介绍关注主播的福利，让用户关注平台和积极点赞
第6~11分钟	透露今日新款商品和主推款商品
第12~30分钟	将今天所有的商品大致介绍一遍，不做过多停留，但对潜在"爆款"商品可以进行重点推荐。整个介绍过程持续20分钟，助理一件件搭配好服装进行展示
开播半小时后	正式进入商品逐个推荐的环节。有重点地根据用户需求来介绍，参考直播前产品结构拍下，每个商品直播推销5分钟
直播中期	与用户互动和抽奖，场控根据实时在线观看人数和每个商品的点击转化数据，引导主播进行重点商品介绍的调整
最后半小时	教用户怎么领优惠券，怎么成功购买商品
最后10分钟	主播透露下次的直播商品，助理见缝插针地回复与今日商品相关的问题
最后1分钟	强调关注主播、明天几点准时开播、明天的福利，让用户明天再来

第3章

直播电商活动与运营

随着电商竞争趋于激烈，直播运营团队要想实现高转化率，就需要采用一些活动或运营技巧，从而实现直播效果的最大化。本章主要介绍直播电商活动的基本流程、直播电商活动、直播间选品、直播电商运营等内容。

【教学目标】

知识目标	☑ 熟悉直播电商活动的基本流程 ☑ 熟悉直播电商活动 ☑ 掌握直播间选品 ☑ 熟悉直播电商运营
技能目标	☑ 掌握选品的依据 ☑ 掌握选品的渠道 ☑ 掌握直播商品定价策略 ☑ 掌握直播商品促销思路与话术 ☑ 掌握直播间粉丝运营和维护 ☑ 掌握直播间场控运营技巧
素养目标	☑ 直播销售商品时遵守国家有关法规 ☑ 诚实守信，不卖假冒伪劣商品

3.1 直播电商活动的基本流程

在开展直播电商活动之前，直播运营团队需要对活动的整体流程进行规划和设计，以保障活动能够顺利进行，确保直播的有效性。直播电商活动的基本流程如图3-1所示。

微课视频

直播电商
活动的基本
流程

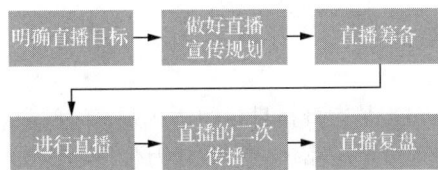

图3-1　直播电商活动的基本流程

3.1.1　明确直播目标

做任何事情都需要有目标，开展直播也不例外。在开展直播之前，必须明确直播目标是什么，如做品牌宣传、活动造势，还是销售商品。确定直播目标，要从商家实际出发，目标不要大而空，并且要具有确定性和可实现性，从而能让直播运营团队成员为共同的目标一起努力。

在明确直播目标时，需要遵守SMART原则，尽量让目标科学化、明确化、规范化。SMART原则的具体内容如图3-2所示。

1.具体性

具体性（Specific）是指要清楚具体地说明直播要达到的标准。直播目标要用特定的指标来实现，不能笼统、不清晰。例如，"借助此次直播提高品牌影响力"就不是一个具体的目标，而"借助此次直播提升品牌官方微博账号粉丝数量"就是一个具体的目标。

2.可衡量性

图3-2　SMART原则

可衡量性（Measurable）是指直播目标要是数量化的或行为化的，应该有一组明确的数据作为衡量目标是否达成的标准。例如，"利用此次直播提高店铺的日销售额"就不是一个可衡量的目标，而"利用此次直播让店铺的日销售额达到100万元"就是一个可衡量的目标。

3.可实现性

可实现性（Attainable）是指直播目标要客观，付出努力后可以实现。例如，商家开展的上一场直播吸引了10万人观看，于是商家将此次直播的观看人数目标设定为200万人，显然这个目标有些不切实际；若商家将观看人数目标设定为12万人或15万人，则有可能实现。

4.相关性

相关性（Relevant）是指直播目标要与商家设定的其他营销目标相关。例如，商家在电商平台运营网店，将某次直播的目标设定为"网店24小时内的订单转化率提升80%"，这个目标是符合相关性要求的；而如果商家将某次直播目标设定为"将商品的生产合格率由91%提升至96%"，则这个目标是不符合相关性要求的，因为直播无法帮助商品生产方提升生产合格率。

5．时限性

时限性（Time-bound）是指直播目标的达成要有时间限制，这样的目标才有督促作用。例如，"借助直播让新品销量突破10万件"这个目标是缺乏时限性的，而"直播结束后24小时内新品销量突破10万件"这个目标则是符合时限性要求的。

3.1.2 做好直播宣传规划

为了收到良好的直播效果，在直播开始之前，商家应该根据自身擅长方向和领域以及所拥有的资源，来制定切实可行的直播宣传规划。与泛娱乐类直播不同，带有营销性质的电商直播追求的并不是简单的"在线观看人数"，而是"在线目标用户观看人数"。具体来说，直播运营团队设计直播宣传规划时，可以从以下3个方面入手，如图3-3所示。

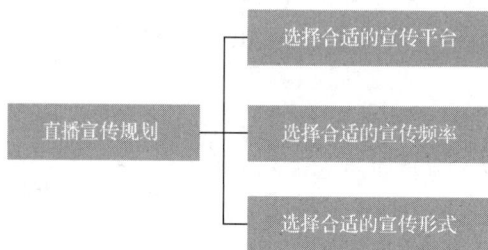

图3-3 直播宣传规划

1．选择合适的宣传平台

不同的用户喜欢在不同的平台上浏览信息，直播运营团队需要分析目标用户群体的上网行为习惯，选择在目标用户群体经常出现或活跃的平台发布直播宣传信息，尽可能多地为直播吸引目标用户。

2．选择合适的宣传频率

在新媒体时代，用户在浏览信息时自主选择的余地较大，可以根据自己的喜好来选择自己需要的信息。因此，如果直播运营团队过于频繁地向用户发送直播宣传信息，很可能会引起用户的反感，导致用户屏蔽相关信息。为了避免出现这种情况，直播运营团队可以在用户能够承受的最大宣传频率的基础上设计多轮宣传。

3．选择合适的宣传形式

选择合适的宣传形式是指直播运营团队要选择符合宣传平台特性的信息展现方式来推送宣传信息。例如，在微博平台上，直播运营团队可以采用"文字+图片"的形式或"文字+短视频"的形式来宣传直播；在微信群、微信朋友圈、微信公众号中，直播运营团队可以通过九宫格图、创意信息长图（见图3-4）来宣传直播；在抖音、快手等平台上，直播运营团队可以通过短视频来宣传直播，如图3-5所示。

图3-4　通过创意信息长图来宣传直播

图3-5　通过短视频来宣传直播

3.1.3　直播筹备

为了确保直播的顺利进行，在开始直播之前，直播运营团队需要做好各项筹备工作。筹备一场成功的直播并不比做一场线下活动简单，具体包括选择直播场地、调试直播设备、准备直播物料，以及主播自身准备等，如图3-6所示。

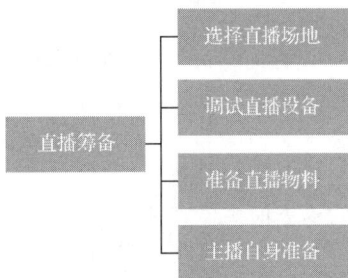

图3-6　直播筹备

1. 选择直播场地

直播场地分为室外场地和室内场地。常见的室外场地有公园、商场、广场、景区、游乐场、商品生产基地等，常见的室内场地有店铺、办公室、咖啡馆等。直播运营团队要根据直播的需要选择合适的直播场地，选定场地后要对场地进行适当的布置，为直播创造良好的环境。

2. 调试直播设备

在筹备阶段，直播运营团队要将直播需使用的手机、摄像头、灯光设备、网络等调试好，防止设备发生故障，以免影响直播的顺利进行。

3. 准备直播物料

直播之前，直播运营团队应该根据实际需要准备直播物料。直播物料包括商品样品、直播中需要用到的素材及辅助工具等。

4. 主播自身准备

在开播前，主播需要熟悉直播流程和商品的详细信息，这样才能在直播中为用户详细地讲解商品、回答用户提出的各种问题。此外，主播还要调整好自身状态，以积极的态度和饱满的热情来迎接直播间的用户。

3.1.4 进行直播

做好直播前的一系列筹备工作后，接下来就是正式进行直播了。成功进行一场直播需要强有力的直播运营团队。直播可以进一步拆解为直播开场、直播过程和直播收尾3个环节，各个环节的操作要点如表3-1所示。

表3-1 直播各环节的操作要点

环节	操作要点
直播开场	通过开场互动让用户了解本场直播的主题、内容等，从而让用户对本场直播产生兴趣，并留在直播间
直播过程	借助营销话术、发红包、发优惠券、才艺表演等方式，进一步激发用户对本场直播的兴趣，让用户长时间停留并购买商品
直播收尾	向用户表示感谢，预告下场直播的内容，并引导用户关注直播间，将普通用户转化为忠实用户；引导用户在其他平台上分享本场直播或本场直播中推荐的商品

3.1.5 直播的二次传播

直播结束并不意味着整个直播电商活动结束。在直播结束后，直播运营团队可以对直播录屏进行加工，并在抖音、快手、微信、微博等平台上进行二次传播。直播的二次传播可以获得良好的传播效果，使更多没有及时观看直播的人了解活动，也可以借此机会扩大直播的影响力。为了保证直播的二次传播的有效性和目的性，直播运营团队可以按照以下3个步骤来制订直播的二次传播计划，如图3-7所示。

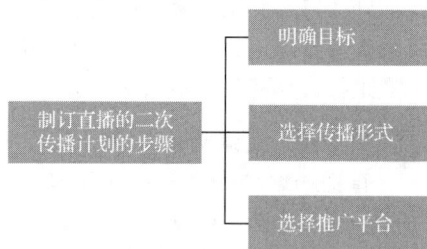

图3-7 制订直播的二次传播计划的步骤

1. 明确目标

制订直播的二次传播计划，首先应明确实施传播计划要实现的目标，如提高品牌知名度、提高品牌美誉度、提高商品销量等。需要注意的是，直播的二次传播计划要实现的目标并不是孤立的，而应当与商家制订的整体直播营销目标相匹配。

2. 选择传播形式

明确目标以后，直播运营团队要选择合适的传播形式进行直播的二次传播。目前常见的传播形式有视频传播、软文传播两种。直播运营团队可以选择一种传播形式，也可以将两种传播形式组合使用。

3. 选择推广平台

确定了传播形式以后，直播运营团队要将制作好的信息发布到合适的平台上。如果是视频形式的信息，直播运营团队可以选择将其发布到抖音、快手、微信视频号、爱奇艺、微博等平台上；如果是软文形式的信息，直播运营团队可以选择将其发布到微信公众号、小程序、知乎、百家号等平台上。选择合适的推广平台很重要，制订合理的推广周期也十分重要。

3.1.6　直播复盘

直播复盘就是直播运营团队在直播结束后对本次直播进行回顾，评判直播效果，总结直播经验与教训，为后续的直播提供参考。

做完直播之后，直播运营团队要对直播进行全面而及时的复盘。通过直播营销数据和用户反馈，直播运营团队可对直播进行准确、客观的总结，并形成直播效果评估结果和改进方案，为下一次直播提供数据和案例参考。

直播复盘包括直播数据分析和直播经验总结两个部分。直播数据分析主要是利用直播中形成的客观数据对直播进行复盘，体现的是直播的客观效果。例如，分析直播间累积观看人数、累积订单量和成交额、人均观看时长等数据。直播经验总结主要是从主观层面对直播过程进行分析与总结，分析的内容包括直播流程设计、团队协作效率、主播现场表现等。直播运营团队通过自我总结、团队讨论等方式对这些无法通过客观数据表现的内容进行分析，并将其整理成经验手册，可以为后续开展直播提供有效的参考。

3.2　直播电商活动

做好直播电商活动的策划，直播运营团队可以更好地实现直播营销目标。下面将介绍直播电商活动，包括平台大促活动和特色主题活动，并介绍其策划。

微课视频

直播电商
活动

3.2.1　平台大促活动

每年的"6·18""双十一"大促都是商家十分重视的活动，尤其是"双十一"大促，对商家全年的销售额有着至关重要的影响。下面以"双十一"大促为例，介绍平台大促活动的策划。"双十一"大促周期可以分为五个阶段，即蓄水期、预售期、预热期、爆发期和售后期，如图3-8所示。在不同的阶段，商家需要采取不同的策略。

蓄水期 ➡ 预售期 ➡ 预热期 ➡ 爆发期 ➡ 售后期

图3-8　"双十一"大促周期

1. 蓄水期（10月1日至10月20日）

在蓄水期，商家的工作核心是为用户创造需求，为"双十一"大促积累流量。

在此阶段，商家重点需要做好以下几项工作，如图3-9所示。

（1）确定目标。商家结合店铺运营策略制定直播目标，以合理制定"双十一"大促预算，安排"双十一"大促人员。

（2）策划活动方案。商家要做好"双十一"大促直播活动方案策划及相关准备工作。例如，撰写"双十一"大促直播脚本，设计并测试直播封面图、直播间标题等。

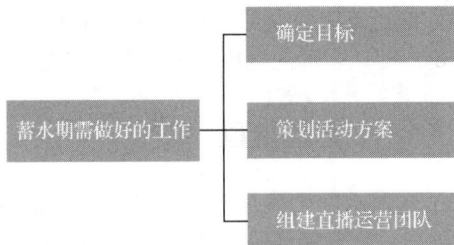

图3-9　蓄水期需做好的工作

（3）组建直播运营团队。直播运营团队是做好直播的重要保障。因此，在"双十一"大促开始之前，商家要组建专业的直播运营团队，明确人员职责，以确保"双十一"大促直播中人员相互协调与高效配合。

2. 预售期（10月21日至10月31日）

进入预售期，商家的工作重点是提升用户在直播间的互动率，延长用户在直播间的停留时长。

（1）做好用户维护。在"双十一"大促预售期，商家可以为直播间中不同级别的用户设置不同的福利权益，延长用户在直播间的停留时长，提升用户的转化率。主播如果能够让用户产生归属感，用户黏性就会得到增强，从而让用户长期关注直播间。

（2）预付订金引导。主播需要根据店铺的营销规划和商品布局，有重点地引导用户预付订金，提高商品被用户加入购物车的概率。对于主推款商品，商家可以为其设计更具吸引力的优惠活动，如赠送礼品、付订金减免等，以刺激用户预付订金，提高商品转化率。

3. 预热期（11月1日至11月10日）

经过预售期，商家需要全力备战"双十一"大促，通过多渠道为"双十一"大促直播预热，如通过直播平台私域场景、企业官网、电商平台、社交平台等渠道预热。商家从预热视频、文案等的评论中可以了解用户的需求，进而在直播中有针对性地进行推广，这样既能提高用户的好感度，还能提高直播商品的转化率。

4. 爆发期（11月11日）

爆发期就是"双十一"当天。在这个阶段，商家和主播的核心目标只有一个，就是做好当天的直播，助力品牌推广。在爆发期，商家需要做好以下工作，如图3-10所示。

（1）直播氛围的营造。商家要在直播间的装修上融入大促元素，加深用户的印象，吸引用户关注直播间并购买商品。例

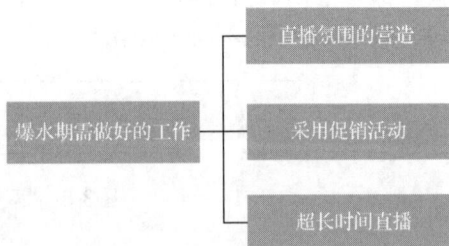

图3-10　爆发期需做好的工作

如，商家可以在直播封面图、直播间标题、直播间的背景等方面添加大促元素。此外，主播还可以佩戴上体现大促氛围的头箍，成为移动的广告位，同时增强直播的趣味性。

（2）采用促销活动。商家利用点赞活动、抽奖活动、红包活动等促销活动，可以留住用户并促进成交。

（3）超长时间直播。在大促期间，商家要适时调整直播时长。商家可以尝试进行超长时间直播，从11月10日晚上7点或8点开始，直播到大促爆发期结束。

5．售后期

爆发期结束后即进入售后期。商家可能会面临大量的退款退货、物流等问题。面对用户提出的问题，商家和主播要抱以积极的态度，通过有效渠道及时向用户提出解决方案，为用户提供良好的购物体验。

3.2.2　特色主题活动

商家可以设计一些别出心裁的特色主题活动，为用户制造新鲜感，增强直播间对用户的吸引力，提升直播间的销量。商家在策划直播间特色主题活动时，要重点关注以下三项内容，如图3-11所示。

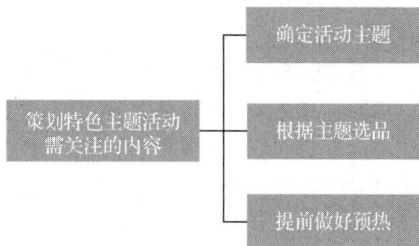

图3-11　策划特色主题活动需关注的内容

1．确定活动主题

与日常直播不同，商家要为特色主题活动设定一个具有吸引力的主题。例如，销售服装的商家可以在初春上春装之际策划一场"春款首播（服饰专场）"主题的直播。

2．根据主题选品

商家先根据主题选出本场直播的主推款商品，然后根据主推款商品选出辅推款商品，注意主推款商品的风格要与活动主题相契合。选好特色主题活动的商品后，商家还需要规划主推款商品和辅推款商品的比例，以有效提高商品的利用率，为用户制造惊喜。商家可以采取以下商品比例模式：在整场特色主题活动直播中，主推款商品的数量占直播商品总数的50%，辅推款商品中具有销售潜力的商品数量占直播商品总数的30%，辅推款商品中可能不太好卖的商品数量占直播商品总数的10%，剩下10%的商品可以根据用户推荐来设置。

3．提前做好预热

在特色主题活动直播开播前的一两天，商家要通过各种渠道进行活动预热，提醒用户关注直播。在日常直播中，商家也可以在直播间的公告栏中对特色主题活动的直播时间进行预告。

微课视频

直播间选品

3.3 直播间选品

常言道，巧妇难为无米之炊。没有好的商品，要打造高关注度、高销量的直播间，基本是不可能的。本节将讲述选品的原则、选品的依据和选品的渠道。

✏️ **课堂讨论**

假如你想直播"带货"，你觉得应该怎样选择商品呢？有哪些原则呢？

3.3.1 选品的原则

选品指的是通过相关方法选择适合直播的商品。选品至关重要，甚至可以说是直播运营的关键环节。如果商品没选好，就算直播间人气高，也可能会出现零转化的情况。

直播间选品的基本原则有以下几点：选择高性价比的商品、选择高匹配度的商品、选择具有独特性的商品、选择需求及时的商品、选择应季的商品和选择品质有保障的商品，如图3-12所示。

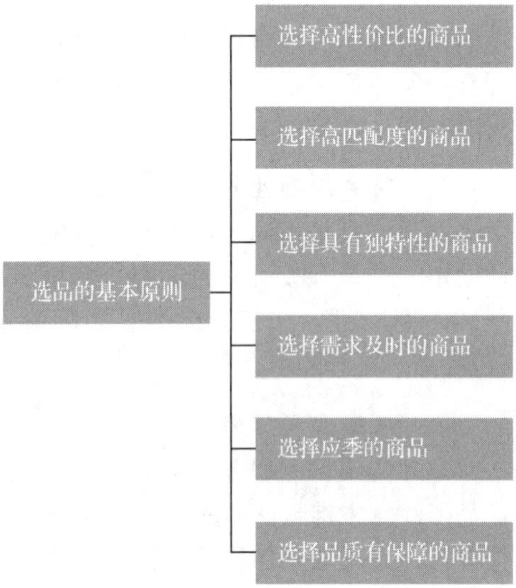

图3-12 选品的基本原则

1. 选择高性价比的商品

用户选择在直播间购物，第一是因为方便，第二是因为便宜。所以，高性价比的商品更符合用户心里的商品定位。不管在哪个平台，高性价比的商品都会在直播电商中更占优势。很多头部主播会给用户低价且无条件退换的福利，这一方面最大限度地保障了用户的权益，另一方面也让用户对主播产生了极大的信任感，提高了回购率。

🎓 **小提示**

在挑选商品的时候要做好调查，选择性价比高的商品，吸引用户前来购买。

2. 选择高匹配度的商品

无论是达人直播还是商家直播，都要让商品和主播相匹配。这样，一方面主播对商品的熟悉度较高，另一方面商品也符合用户对账号的预期，更有助于提高商品的转化率。比如，未婚年轻女孩直播销售母婴用品相对缺乏说服力；同样的，如果商品定位的消费群体是青年群体，就不适合让一个相对年纪大的主播进行直播。

3．选择具有独特性的商品

独特性的商品一般是直播间的独家商品或某品牌定制的商品，具有唯一性或稀缺性。这种商品可以增加用户的好感和用户黏性。

4．选择需求及时的商品

在直播期间，主播选择的商品要能满足活动趋势和用户的需求。满足活动趋势是指主播要在核心销售日如"双十一"、品牌日等目标消费人群集中、购买力强、影响力大的时间，准备充足的商品，并保证商品符合活动的主题，如七夕节的浪漫、中秋节的团圆。另外，主播要多留意和搜集用户想要在直播间看到的商品，然后据以补充商品品类，及时满足用户的需求。

5．选择应季的商品

每一个季节都有相应畅销的商品。如果在夏季售卖冬季才会使用的商品，一般情况下不会有多少销量，所以直播间应选择应季的商品。比如，夏天推荐空调、风扇、凉席等商品，冬天推荐保温杯、羽绒服等商品。把握旺季，选对商品是关键。直播运营团队可以根据市场趋势、消费者使用习惯，以及多平台近期的历史销售记录，挑选出具有销售潜力的商品。例如，夏季紫外线强，防晒需求应季高涨，促进防晒商品成交更容易，其销量自然会大增。

6．选择品质有保障的商品

在选择商品时要考虑品质较好、质量过硬的商品。主播需要对商品进行深入的了解与分析，包括企业的发展历史、商品的特点、消费者、竞争对手、行业信息等情况，只有用户反馈好的商品才能一直畅销。纵观当下，直播受众以年轻群体为主，很多人会因为商品质量和主播的信任背书而成交。

🔍 **素养提升**

直播电商要保证商品质量

2020 年 5 月，广州市市场监管部门提出将进一步加大工业商品质量安全监管力度，严禁通过直播活动销售不符合保障人体健康和人身安全的国家标准、行业标准的商品，严禁销售掺杂、掺假，以次充好等假冒伪劣商品。同时建议消费者在直播间选购商品时认真查看商家资质，优先选择经营资质齐全、信誉好的电商平台和商家，并做到理性消费。

直播电商运营者选择商品时应注意以下事项。

（1）选择的商品的质量、包装、标识、计量等应遵循国家有关法规的规定，并符合国家或行业相关标准的要求。

（2）选择的商品的特性、直播平台以及主播之间宜相互匹配和协调。

（3）应确保选择的商品在合理期限内能正常使用，且其使用性能与直播宣传内容一致，或与其包装所声明采用的标准内容条款一致。

（4）未经授权，不能销售具有知识产权的商品。

（5）选择的商品信息描述规范、客观真实，满足消费者的知情权，不出现妨碍消费者使用该商品的不利情况。

3.3.2　选品的依据

不管是短视频还是直播"带货"，影响销量的重要因素之一都是选品。商家通常会根据一些标准来选择商品，这就是选品的依据。选品的依据如图3-13所示。

1. 是否符合市场趋势

选品的第一步是观察市场趋势，市场趋势是对消费者需求变化的验证。

（1）品类整体趋势。如果品类整体销售额在快速上升，那说明消费者对此类商品的需求在扩大，即该品类有充足的市场空间。

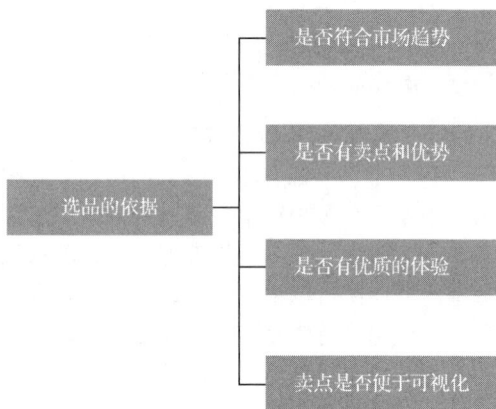

图3-13　选品的依据

（2）细分卖点的趋势。细分卖点的趋势涉及新款式、新技术、新成分、新口味等。如果商家选择的商品拥有符合上升趋势的优势卖点，就容易在竞争中胜出。

（3）价格趋势。有的品类趋向于走平价路线，有的品类则逐渐高端化。商家了解价格趋势可以更好地了解需求人群的购买力，从而选择价格合理的商品。

（4）讨论度和热点话题的趋势。在直播电商的内容环境中，商品本身的讨论热度为商品带来了曝光度，商家可以根据热点话题来选择商品，借助话题热度吸引更多关注。

2. 是否有卖点和优势

明确的商品卖点和优势可以用作主播的销售话术，推动消费者购买商品。一些常见的商品卖点和优势如下。

（1）独特性。人无我有的卖点，让商品本身难以被替代。

（2）比较优势。人有我优的商品优势，如有新风格、新技术、新成分及优势。

（3）权威背书。通过权威背书给消费者以安全感。常见的权威背书方式有发明专利、官方平台销量数据、权威检测/认证等。

3. 是否有优质的体验

（1）商品具有优质体验可以带来正向口碑，为品牌获取免费的UGC曝光机会。

（2）商品具有优质体验可以带来更高的店铺和商品评分，而高评分可以让店铺获得更多的自然流量。相反，店铺和商品评分过低则会导致店铺限流。

（3）商品具有优质体验容易保持稳定的复购率，为品牌带来忠实的用户，创造长期收益。

4. 卖点是否便于可视化

直播中商品用视频化语言进行呈现，因此商品的卖点要便于可视化，才能真正吸引消费者。卖点可视化的常见思路如下。

（1）展现服装、珠宝首饰等以外观和款式为主要卖点的商品，通常需要设置合适的机位，确保商品清晰完整，并配合合适的模特进行试穿展示，充分体现商品的设计优势。

（2）展现美妆、护肤、清洁等以功效性为主要卖点的商品，可以通过现场试用、讲解，突出使用商品前后的对比效果。

（3）展现生鲜等商品，可以通过现场试吃来突出感官体验，通过近景拍摄色泽、质地来强调商品质量。

3.3.3 选品的渠道

选品的渠道分为线上渠道和线下渠道两种（见图3-14），各有优劣，商家需要结合自身实际进行选择。

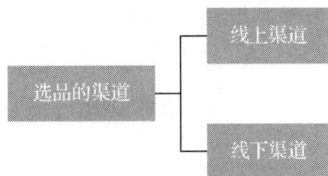

图3-14 选品的渠道

✏️ 课堂讨论

你知道的选品的渠道有哪些？

1. 线上渠道

线上渠道的优点就是商家没有囤货的压力，发货比较省时省力，方便且快捷；缺点是商家有时候无法看到实物，不容易控制商品的质量。目前，线上渠道有以下3类。

（1）直播平台选品库。很多直播平台都有官方选品库，如抖音精选联盟就是一个连接商家和主播的选品库。符合条件的商家入驻抖音精选联盟，上架自己的商品，商家在这个平台选择符合自己定位的商品。主播在线选择商品，试用后直播"带货"，产生订单后，平台按期与商家和主播结算。商家和主播都可以在后台看到销售数据和自己的收益，这一模式公开透明，不易产生不必要的纠纷，因此商家可以将更多的精力放在商品分享上。图3-15所示为抖音精选联盟。但是这种渠道一般对主播的"带货"能力要求比较高，如果主播的粉丝数不多，销售能力也不强，能选择的商品就非常少。

（2）批发网站。批发网站是很多新手商家都会选择的渠道。比较知名的是阿里巴巴（1688.com）批发网。该平台有很多一手货源，拿货会比较便宜，有些商品还支持一件代发。

图3-15　抖音精选联盟

（3）其他电商平台。商家也可以选择其他电商平台的热销商品，如淘宝、京东、拼多多。商品在其他平台卖得好意味着其在价格、款式、功能等各方面具有一定的优势，若在直播平台销售，并做好推广，一般也能取得不错的销量。图3-16所示为京东热销的商品。

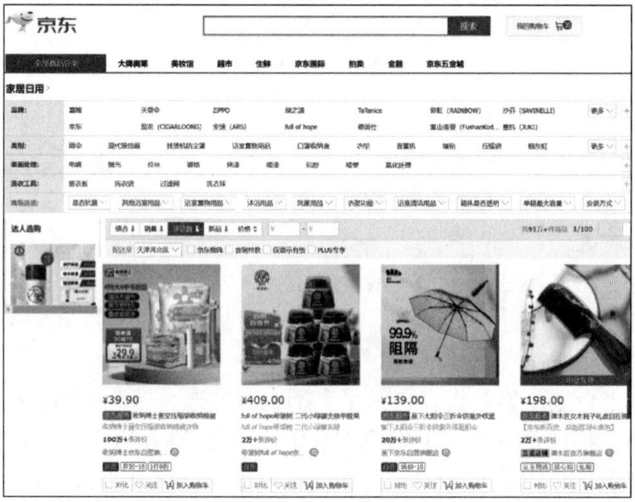

图3-16　京东热销的商品

小提示

　　线上渠道的劣势在于，畅销品人人都想卖，竞争自然就会很大。所以，在挑选的时候要清楚该商品在平台的同款数量有多少。商家应尽量挑选在别的平台热销但在直播平台还未被挖掘和发现的一些商品，以减小流量竞争，达到更好的"带货"效果。

2. 线下渠道

线下渠道比较适合有一定资金的商家，商家可根据情况自己控制货源，把控商品；但是选择线下渠道囤货压力比较大，商家还会增加一些额外的人力成本。目前线下渠道有以下几类。

（1）批发市场进货。虽然生产厂家提供一手货，但是其一般会与大客户固定合作，通常不会和小商家合作。批发市场的商品价格一般比较便宜，因此是主播选择最多的渠道。

（2）厂家进货。商品从生产厂家到消费者手中，要经过许多环节，其基本流程是：原料供应商—生产厂家—全国批发商—地方批发商—终端批发商—零售商—消费者。

如果商家可以直接从生产厂家进货，且有稳定的进货量，那么其就能拿到理想的价格。而且正规的生产厂家货源充足，信誉度高，如果双方长期合作，商家一般都能争取到商品调换和退货还款。但需要注意，生产厂家要求的起批量非常大。以外贸服装为例，生产厂家要求的起批量在近百件或上千件，商家达不到要求是很难争取到合作的。

（3）品牌积压库存进货。品牌商品在网上是备受关注的分类之一。很多消费者都通过搜索的方式直接寻找自己心仪的品牌商品。有些品牌商品的积压库存很多，一些品牌干脆把库存全部卖给专职网络销售的卖家。不少品牌商品虽然在某一地域属于积压品，但网络销售具有覆盖面广的特性，因此该商品在其他地域可能成为畅销品。这是因为品牌积压库存有其自身优势。

3.4 直播电商运营

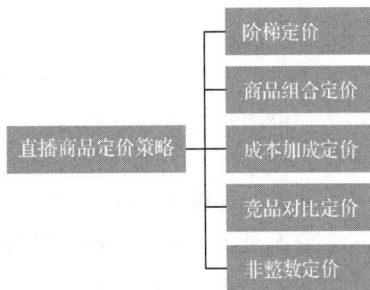

下面介绍直播电商运营的方法，包括直播商品定价策略、直播电商话术原则、直播商品促销技巧、直播间粉丝运营和维护、直播间场控运营技巧。

微课视频

直播电商运营

3.4.1 直播商品定价策略

商品价格是影响用户下单的重要因素。定价策略直接影响用户的消费意向。一般来说，常见的直播商品定价策略有以下几种，如图3-17所示。

1. 阶梯定价

阶梯定价是指按照不同的购买数量定不同的价格。购买一定数量内的商品是一个价格，超过一定数量之后是另一个价格，买得越多，价格越便宜。一些知名主播的直播间经常会采用阶梯定价策略，如：第一件商品为49元（原价）；第二件便宜10元，只要39元；第三件再减10元，只要29元……。

直播商品定价策略
- 阶梯定价
- 商品组合定价
- 成本加成定价
- 竞品对比定价
- 非整数定价

图3-17 直播商品定价策略

> **小提示**
>
> 采用阶梯定价策略，特别能刺激用户消费。阶梯定价策略往往用于成套出售的商品。如果要冲销量，其也适用于促销商品。

2. 商品组合定价

商品组合定价策略指的是为了迎合用户心理，对商品组合定价，组合中某些商品的价格高一些，某些商品价格低一些，以取得较高的整体经济效益。这种策略适用于互补商品或关联商品。

商品组合中的低价商品和高价商品应有关联，这样很容易给用户带来直接的价值感。如果低价商品与高价商品相互依存并配合得当，那么效果更佳。

例如，某款卸妆水在品牌店或电商平台卖××元一瓶，但在直播时用户花同样的价格可以得到两款商品——一瓶卸妆水和一盒卸妆棉。虽然主播也可以搭配其他商品，如奶茶粉、水果等，但不如卸妆棉实用。因为用户在使用卸妆水的过程中，会用到卸妆棉。主播这样做可以让用户感受到一种被关爱、关心的感觉，在保证质量的前提下，即使商品组合定价稍微高些，用户也会接受。

3. 成本加成定价

成本加成定价是以收回经营成本为基础的一种定价策略，即单位商品成本加上按一定利润率确定的销售利润定价。这是商家经常采用的一种定价方法，其优点是计算方便。正常情况下，即在市场环境的许多因素趋于稳定的情况下，运用这种方法能够保证商家获取正常利润。同时，同类商品在各商店的成本和利润率都比较接近，定价不会相差太大，相互间的竞争也不会太激烈。此外，这种策略容易给用户带来一种合理、公平的感觉，因而容易被用户接受。

4. 竞品对比定价

竞品对比定价是指以竞品价格作为参照物的一种常用的定价策略。用户在决定是否消费的时候，都会将与其有密切关系的同类商品作为价格参照物。因此，了解竞品的定价区间有助于商家制定一个更加有竞争力的定价策略，但是研究竞品价格不代表一味地效仿竞品价格，竞品价格只是一个参考，具体还需要综合品牌定位、目标消费人群等因素进行分析。

5. 非整数定价

非整数定价是指定价时不取整数价格而取有零头的价格的策略。实践证明，非整数定价确实能够激发消费者的消费心理反应，获得较好的销售效果。如一件本来值10元的商品，定价9.9元，就能激发消费者的购买欲望。

非整数价格虽与整数价格相近，但二者给予消费者的心理信息是不一样的。

商家进了一批货，以每件100元的价格销售，可消费者并未踊跃购买。无奈商家只好决定降价，但考虑到进货成本，只降了0.1元，价格变成99.9元。想不到就是这0.1元之差，消费者络绎不绝，货物很快销售一空。

3.4.2　直播互动原则

主播与用户进行交流与沟通时，能够体现出主播的个人修养与气质。直播互动原则如图3-18所示。

```
                    直播互动
                     原则
  ┌──────────┬──────────┬──────────┬──────────┐
 专业性      挖掘痛点     真诚性      趣味性
```

图3-18　直播互动原则

1.专业性

专业性体现在两个方面：一是主播对商品的认知程度，主播对商品认知得越全面、越深刻，在进行商品介绍时就越游刃有余，越能彰显自己的专业程度，也越能让用户产生信任感；二是主播语言表达的成熟度，同样的一些话，由经验丰富的主播说出来，往往比由新手主播说出来更容易赢得用户的认同和信任。

要想把货卖好，主播在相应领域有一定的专业度，更容易让用户信服。例如，如果是服装行业的直播，那么主播必须对衣服的材质、款式、穿搭技巧等内容有深入的了解，并具备一定的审美能力；如果是美妆行业的直播，那么主播要对护肤品的成分和品牌、护肤知识、美妆搭配等非常精通，在直播中讲述一些专业知识，让用户认可自己的专业能力。

2.挖掘痛点

主播要学会在直播互动过程中寻找用户关心的问题和感兴趣的内容，从而有针对性地为用户带来有价值的内容。挖掘用户的痛点是一项长期的工作，主播需注意对用户心理有充分的解读，了解用户需求，进而创造对应的内容满足用户需求。

3.真诚性

在直播过程中，主播与用户的互动是不可或缺的。但是，聊天也不可口无遮拦，要学会三思而后行。主播应站在用户的角度，以真诚的态度与用户进行互动，设身处地地为用户着想，以用户的观点来看待商品的说明、商品的种类、各项服务等，这样才会让用户感到方便、满意。

真诚的力量是不可估量的。真诚的态度和语言容易激发用户产生情感共鸣，提升主播与用户的亲密度，拉近双方的心理距离，从而提高用户的黏性和忠诚度。

4.趣味性

趣味性原则是指主播要让直播语言具有幽默感，不能让用户觉得直播内容枯燥无味。有人说，语言的最高境界就是幽默。拥有幽默口才的主播会让人觉得很风趣，还能折射出主播的内涵和修养。同时，幽默的语言还是直播间的气氛调节剂，能够帮助营造良好、和谐的氛围，并加速主播与用户建立友好关系的过程。

要想成为一个出色的电商主播，就要提升直播语言的趣味性。主播可以通过学习脱口秀演员、娱乐节目主持人的说话方式来锻炼自己的口才。

3
Chapter

3.4.3　直播商品促销思路与话术

直播过程中，直播间人进人出不断，主播通常会把每个环节的话术设计得很精练，争取在最短的时间内激发用户的需求与兴趣，再用优惠刺激用户下单购买。表3-2所示为直播商品促销的思路及话术示例。

表3-2　直播商品促销的思路及话术示例

直播环节	思路	话术示例
还原场景	结合消费场景提出用户需求点，给用户提供消费理由，重点在于引起共鸣	夏天来了，有一些衣服需要一天一洗。大家说，白色T恤经常洗会发黄吗？T恤发黄不美观了，最重要的是洗好之后，有些洗衣液会残留在衣服上，会不会对皮肤不好啊
展示商品	引出商品，以解决问题为出发点，解决之前提出的问题和疑惑	这是一款优质护肤品，可以预防肌肤的敏感、脱皮、皲裂等问题，以及修复手术后的受损肌肤
展示亮点	突出商品亮点，从商品成分、品牌、原料、售后保证、销量、用户好评等角度打消用户的疑虑	这款商品无酒精、无香精、无色素、无矿物油，妈妈和宝宝都可以使用
灌输理念	多回答用户问题，增强用户对商品的认同感，让用户产生购买心理	大家买护肤品不要只顾省钱，也不要只顾满足自己的虚荣心。大家一定要注重护肤品的安全性，因为护肤品是要往皮肤上抹的
促进成交	用价格折扣、优惠券、抽奖、额外赠品等销售策略，刺激用户下单	这个原价199元，今天直播间只卖129元

主播拿到商品时，不妨将商品促销过程完整地构思一遍，厘清促销思路，不断优化技术。

3.4.4　直播间粉丝运营和维护

直播是人与人的直接互动，粉丝运营是影响直播间变现的重要因素。为了增强粉丝黏性，提升粉丝转化率，主播不仅要吸引粉丝关注直播内容，还要在直播后对粉丝进行运营和维护。主播对粉丝进行运营和维护要做到以下几点，如图3-19所示。

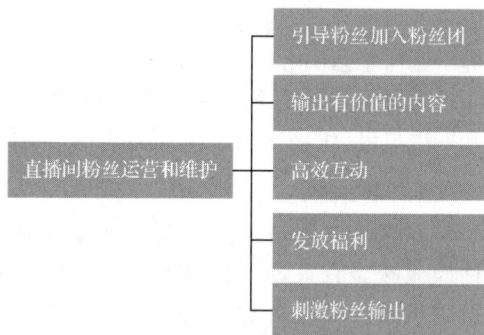

图3-19　直播间粉丝运营和维护

1. 引导粉丝加入粉丝团

主播可引导粉丝加入粉丝团，赋予粉丝一种特别身份，让粉丝感受到主播的特别关注和优待，以提高粉丝的归属感和参与感，从而吸引更多粉丝加入粉丝团。

主播引导粉丝加入粉丝团的方式主要有两种：第一种是主播通过平台发布的视频内容吸引粉丝，然后再利用私信、直播等方式向粉丝发出邀请加入粉丝团的请求：

第二种是主播直接在作品中引导粉丝加入粉丝团，如在作品结尾处加上类似"关注我的账号，加入我的粉丝团，获取更多精彩内容"的字幕或语音提示。

2. 输出有价值的内容

主播持续向粉丝提供有价值的内容对于粉丝的长久经营十分重要，是影响粉丝生命力的重要因素。除了做好内容，主播还要学会对粉丝进行分类，根据购买习惯和特征给粉丝贴标签。主播要为贴有不同标签的粉丝分发适合他们的内容，学会对粉丝进行分层运营。

3. 高效互动

不管是在直播过程中还是在直播结束后，主播与粉丝之间的互动都很重要。主播在直播过程中与粉丝互动，是为了延长粉丝的停留时长，提高购买转化率；而直播结束后的互动是影响粉丝成为忠实粉丝的关键因素。互动的方法有以下几种。

（1）发起话题。主播可以发起容易引起讨论、使人产生共鸣的话题，如情感和热点事件等，使粉丝热烈讨论，从而加深对主播的认知。

（2）进行抽奖。主播可以时不时在社群进行抽奖。这种方式虽然简单、直接，但往往十分有效，因为抽奖可以让粉丝保持期待感和参与感。

（3）举办粉丝活动。主播可以定期举办粉丝活动，包括线上活动和线下活动，以提高粉丝的参与感。而且，主播定期举办活动会形成自己的特色，能够为品牌推广赋能。

4. 发放福利

主播可以定时或不定时地为粉丝发放福利，如商品优惠券、小礼品等，从而有效增强粉丝的黏性。需要注意的是，发放的小礼品应与主营商品相关，这样可以强化粉丝对主营商品的印象和好感。

5. 刺激粉丝输出

如果粉丝团内只有主播在分享内容，无疑会加大主播运营粉丝团的压力，使粉丝团很难长久发展下去。在粉丝团中，粉丝输出的内容应远多于主播分享的内容，且粉丝输出的内容更能反映粉丝的活跃程度。主播要想刺激粉丝输出优质内容，可以建立一项合理的激励制度，给予输出优质内容的粉丝一些物质奖励，如红包或礼品。

3.4.5　直播间场控运营技巧

在直播间还有一个不能忽视的角色——场控。场控不仅是主播的亲密合作伙伴，还是整个直播间的导演，主要负责把控节奏，统筹安排直播。下面介绍直播间场控的运营技巧。

1. 提前确定好直播流程

在开播前，场控需要提前确定好直播流程，比如直播环节、直播主题等，并要在直播过程中引导、配合主播按照定好的直播流程进行直播。

2．熟悉商品

一名合格的场控要对直播的商品有深刻的了解，不仅要熟悉商品的性能、规格型号、款式、卖点，还要非常注意商品实际质量是否与商家的宣传相符。

开播时，场控可以代替主播在镜头前讲解商品，以避免主播不熟悉商品导致粉丝流失。

3．提醒补充

有些主播是新手，在某些方面的能力不足，比如对商品的了解、对脚本的执行完整度等。这时，场控就需要补足主播的短板。

对于新手主播来说，其要记住每个商品的特性，难度特别大。当到了某个关键时间节点或介绍某款商品时，主播可能会忘记某件事情，场控就可以巧妙地提醒主播。

例子如下。

场控："欸，我当时看到你在抖音预告上说，今晚会给粉丝福利？"

主播："哦！对对对！是这样的……"

这种情况在直播间经常出现。主播漏了关键环节，这时场控可以旁敲侧击，帮主播完成被漏掉的关键环节。

🎓 **小提示**

优秀的场控要实时关注直播间的用户反馈和直播商品的数据反馈。比如，某款商品卖得很好，则提醒主播继续播；反之，则需要提醒主播缩短介绍时间，以免直播间用户流失。

4．带动节奏和气氛

场控要想办法引导用户进行互动，帮助主播活跃直播间气氛，提升直播间热度，包括节奏把控、时间把控、现场气氛的调动、突发事件的应对等。

5．直播控评

无论主播做得有多好，直播间总会出现不喜欢直播内容或单纯想要发泄情绪的用户，这些用户可能会鸡蛋里挑骨头，在直播间说一些不文明的话，这会影响其他用户的观看体验。

因此，场控要配合主播做好直播控评工作。控评就是控制评论内容。为了防止直播间出现导向不妥的言论、脏话等，场控可以在开直播之前运用设置屏蔽词的功能，输入想要屏蔽的关键词，来消除可能会出现的不良信息，避免直播间的评论被不良信息带偏，打乱直播节奏。

6．解决技术故障

技术故障属于客观因素造成的突发状况，如直播中断、直播画面卡顿、闪退等。若出现此类问题，会严重影响直播体验，导致用户流失、业绩下降。

7．回答用户提出的商品问题

回答商品问题是直播电商中的核心环节。直播中，商品问题导致的突发状况是十分棘手的，稍有不慎就可能导致直播失败，甚至毁掉品牌或主播的声誉。在直播过程中，常见的商品问题有质量问题、价格问题、链接问题。

本章自测题

一、填空题

1．在开展直播之前，直播运营团队需要对直播的_____进行规划和设计，以保障直播能够顺利进行，确保直播的有效性。

2．筹备一场成功的直播并不比做一场线下活动简单，具体包括选择_____、_____、_____，以及主播_____等。

3．直播的二次传播可以获得良好的传播效果，使更多没有及时观看直播的人了解活动，也可以借此机会_____的影响力。

4．商家先根据主题选出本场直播的_____商品，然后根据_____商品选出_____商品，注意_____商品的风格要与活动主题相契合。

5．_____是指以竞品价格作为参照物的一种常用的定价策略。用户在决定是否消费的时候，会将与其有密切关系的同类商品作为价格参照物。

二、选择题

1．（　　）是指要清楚具体地说明直播要达到的行为标准。
　　A．具体性　　　　　　B．可衡量性　　　　　　C．可实现性

2．（　　）阶段向用户表示感谢，预告下场直播的内容，并引导用户关注直播间，将普通用户转化为忠实用户。
　　A．直播开场　　　　　B．直播收尾　　　　　　C．直播过程

3．（　　）是指按照不同的购买数量定不同的价格。
　　A．商品组合定价　　　B．成本加成定价　　　　C．阶梯定价

4．结合消费场景提出消费的需求点，给用户可靠的理由，重点在于引起共鸣，这属于（　　）阶段。
　　A．展示亮点　　　　　B．还原场景　　　　　　C．展示商品

5．（　　）的优点就是商家没有囤货的压力，发货比较省时省力，方便且快捷；缺点是商家有时候无法看到实物，不容易控制商品的质量。
　　A．线上渠道　　　　　B．线下渠道　　　　　　C．电商平台

三、简答题

1．直播电商活动的基本流程是怎样的？
2．平台大促活动是怎样的？
3．选品的原则有哪些？
4．选品的依据是什么？
5．直播商品定价策略有哪些？

任务实训——通过各种渠道选择商品

为了更好地理解选品的渠道并掌握相关的基础知识，我们将进行下述实训。

一、实训目标

1．理解直播选品的重要性。

2．掌握线上选品的渠道。

3．掌握线下选品的渠道。

二、实训内容

1．通过直播平台选品库选择商品，如抖音精选联盟。

2．通过批发网站选择商品，如阿里巴巴批发网。

3．通过其他电商平台来选择商品，如天猫供销平台。

4．通过线下渠道来选择商品，如批发市场进货、生产厂家进货、品牌积压库存进货。

三、实训要求

1．综合运用各种选品策略。

2．通过表格对比各个选品渠道的差异。

第4章

淘宝直播

　　淘宝直播是阿里巴巴网络技术有限公司推出的消费生活类直播平台，也是新零售时代体量巨大、消费量与日俱增的新型购物场景，更是商家和店铺营销的利器。本章内容包括淘宝直播平台认知、淘宝直播选品与商品陈列、淘宝直播引流、淘宝直播商品的上架与讲解、淘宝直播间促销技巧、淘宝直播粉丝运营与维护、直播电商物流问题处理等。

【教学目标】

知识目标	☑	熟悉淘宝直播平台
	☑	掌握淘宝直播的开通
	☑	掌握淘宝直播选品
	☑	熟悉淘宝直播引流
技能目标	☑	掌握淘宝直播商品的上架与讲解
	☑	掌握淘宝直播间促销技巧
	☑	掌握淘宝直播粉丝运营与维护
素养目标	☑	具备直播行业的基本职业道德和岗位能力

4.1 淘宝直播平台认知

　　淘宝直播给商家带来了新的销售渠道，并且推动了直播"带货"这一全新卖货方式的普及，很多商家纷纷开始入驻淘宝直播。

✎ 课堂讨论

淘宝直播平台有哪些特点？淘宝直播的类型有哪些？

微课视频

淘宝直播
平台认知

4.1.1　淘宝直播平台的特点

随着商家、主播、用户全方位地接触淘宝直播，直播电商内外部的发展条件逐渐成熟，淘宝直播将推动直播电商经济持续增长。开通淘宝直播之后，大多数店铺的流量和转化率都有明显提高。

淘宝直播具有以下特点。

（1）电商产业链完善，规模巨大。淘宝直播直接或间接地服务了超过300万个商家，其中诞生了近3000个交易额近1亿元的直播间，市场上90%的新品牌都已在淘宝直播开播。

（2）对主播扶持力度大。淘宝直播在选品、流量、内容、运营等方面推出多项政策，助力主播成长。有实力的新手主播会很快被看到，并且能够得到平台的支持，在短时间内实现弯道超车。

（3）广受用户信任。淘宝直播拥有电商基因，淘宝已经在用户和商家之间有了很高的知名度和信任度。与其他直播平台相比，用户更愿意相信运营时间较久、有一定规模的淘宝直播。基于主播的个人魅力和平台的实力，用户购买决策的时间将大大缩短，甚至购买频次也会增加不少。

（4）货源充足。淘宝直播能为机构和主播提供品质与性价比高的商品，同时降低用户的购买决策成本。主播不需要自己寻找货源，这给很多缺少资金的主播带来了机会。

4.1.2　淘宝直播的类型

在做淘宝直播前，首先要了解淘宝直播有哪些类型。淘宝直播通常分为达人直播、淘宝全球购买手直播、淘宝店铺直播、天猫商家直播，如图4-1所示。

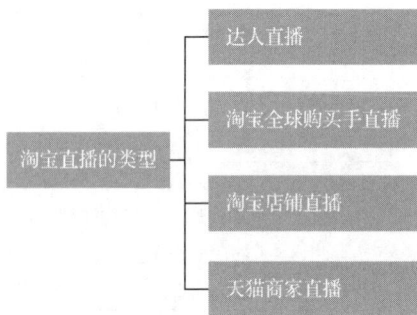

图4-1　淘宝直播的类型

1. 达人直播

达人直播是目前淘宝直播的主力军，达人直播适合有粉丝基础的人，他们既能销售自己的产品，又能为企业和品牌"带货"推广。达人直播的流量是很大的，而且可以在多个类目下浮现，商品销量也很高，同时还有多个官方支持的活动，优势是比较明显的。

达人直播适合没有直接货源的达人。由于达人销售的不是自己的商品，只需和商家做好对接，即可在直播间内卖货。商家可以寻找合适的达人帮自己卖货，但需要支付服务费和佣金。

2. 淘宝全球购买手直播

淘宝全球购买手是指到全世界各地不同商场购物的买手，由这些买手开通的直播叫淘宝全球购买手直播。淘宝全球购买手直播适合有境外货源，想做代购直播的买手。淘宝全球购买手直播目前要求代购的买手首先需要有淘宝店铺，其次要确保店铺没有严重违规行为、虚假交易行为，店铺状态正常且稳定运营。

3. 淘宝店铺直播

淘宝店铺直播适合中小商家，店铺要符合直播的准入要求才能申请直播。商家开通直播主要是为了维护老客户，提升老客户的复购率，同时解决售后问题，拉近和粉丝的距离。淘宝店铺直播每个阶段的申请标准都不太一样，官方经常改变规则和门槛、审核通过时间等，并要求商家有一定的粉丝数量和质量。

4. 天猫商家直播

天猫商家直播更适合品牌商家，需要商家有强大的运营团队，不限店铺类型，主要考核店铺条件、动态评分、老客户数量、粉丝活跃度等。商家对直播内容有很强的掌控力，可以持续直播，成本相对可控。开通天猫商家直播有助于商家与客户建立长期关系，实现稳定、长效的运营。天猫商家直播的主播往往对品牌的商品更加熟悉，在直播讲解、临场反应、节奏把控上都比较熟练，不容易出错；客户多是品牌的粉丝，他们对品牌有一定的忠诚度，比较关注品牌的动态。

> **小提示**
>
> 无论是选择哪一种直播，商家首先都要具备一定数量的粉丝，店铺实力要强，主播的表达能力、直播内容要过硬，这样才能达到淘宝直播卖货的目的。

4.1.3　淘宝直播流量分配规则

不管是传统电商，还是直播电商，流量始终是商家以及主播关注的重中之重。在流量为王的时代，获取高流量是每个主播以及商家直播时都要考虑的问题，淘宝直播也不例外。因此，运营淘宝直播，了解淘宝直播的流量分配规则是非常必要的。淘宝直播流量分配规则主要有标签竞争、主播等级竞争、活动排名、直播内容建设四个方面，如图4-2所示。

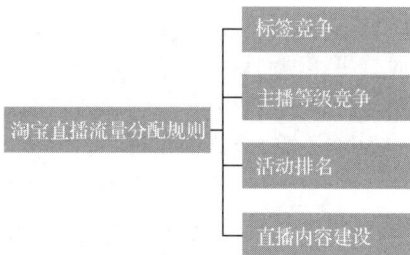

图4-2　淘宝直播流量分配规则

1. 标签竞争

淘宝直播标签是淘宝直播官方推出的一款快捷的导购推广服务。在直播间里，主播和商家可以为商品添加能够吸引用户的标签（见图4-3），以此获得精准的流量，提升点击率和转化率。

主播为直播添加标签，其实是在精准定位自己的直播属性，淘宝直播官方会根据主播所选择的标签为其匹配对应的用户。从淘宝直播官方的角度来说，同一个标签使用的人多了，在分配流量时可以选择的范围也就大了，在流量总量不变的情况下，同一标签下每个主播能分到的流量就会变少。因此，对于主播来说，在标签维度下，其需要与竞争对手进行流量的争夺。

图4-3　淘宝直播标签

2. 主播等级竞争

主播等级反映了主播的影响力，主播的等级越高，所获得的直播权益也就越多，其开展的直播被淘宝直播官方、用户看到的机会也就越大，自然而然也就能获得更多官方流量的支持。淘宝直播的主播等级为v1～v7（共7级），如图4-4所示。

3. 活动排名

淘宝直播官方会举办各种主题的直播活动，主播在这些活动中表现得越优秀，排名就越靠前，就越能证明主播有实力。在淘宝直播官方看来，这样的主播没有浪费官方为其提供的流量，官方在他们身上获得的投资回报率较高，所以在分配流量时会更加偏向这些主播。这些主播就可以获得更多的展示机会，其开展的直播也会引来更多的目标用户，从而增加主播的粉丝数量，或者商品的成交数量。图4-5所示为淘宝直播天猫商家榜。

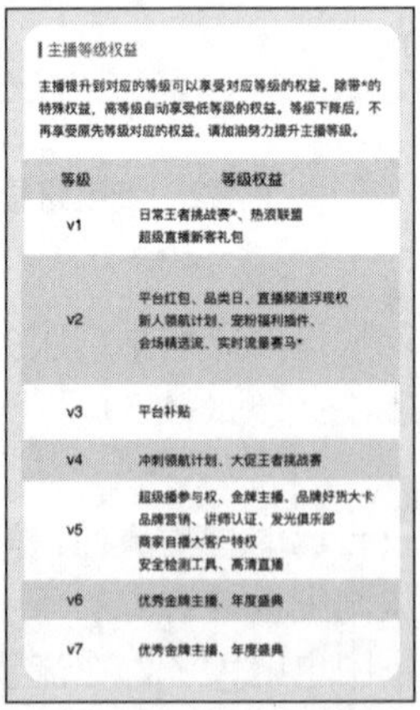

图4-4　淘宝直播的主播等级

图4-5　淘宝直播天猫商家榜

4．直播内容建设

直播内容也是淘宝直播官方分配流量的参考因素之一。淘宝直播官方评判直播内容的主要依据有5个，如表4-1所示。

表4-1　淘宝直播官方评判直播内容的主要依据

评判依据	说明	考察的内容
内容能见度	直播内容覆盖的用户人群越广，内容能被看见的概率就越大	直播间的引流推广能力
内容吸引力	单位时间内用户在直播间里停留的时长，是否产生购买行为，是否做出互动动作（评论、点赞、分享等）	直播间商品的构成、直播氛围和主播的吸引力
内容引导力	把用户留在直播间，并将其引导进入店铺主动了解商品的能力	直播的控场能力和引导用户下单的能力
内容获客力	直播内容引导用户进入店铺并产生购买行为的能力	直播间商品性价比和主播直播话术对用户的吸引力
内容转粉力	将只是短暂停留在直播间的用户变成有目的、停留时间长的忠实用户的能力	主播是否能持续输出内容，直播间内商品的性价比，以及主播的直播能力

4.1.4　新手必知的淘宝直播规则

淘宝直播的流量是非常可观的，这自然吸引了很多商家和达人入驻。但是一些新手商家不了解淘宝直播规则，在淘宝直播中出现违规而遭到处罚，因此淘宝直播商家必须要了解并遵守淘宝直播规则，否则出现违规现象，就会被处罚或者封号。商家需要了解常见的《淘宝直播平台管理规则》和《淘宝直播封面标题和内容发布规范》。

淘宝直播违规情形分为一般违规、严重违规、特别严重违规，针对直播间的违规，平台会采取"公示警告""取消单场浮现""拉停直播""删除违规信息"的管理措施，如图4-6所示。

图4-6　淘宝直播违规情形及管理措施

4.2 淘宝直播选品与商品陈列

选品与商品陈列一直是直播"带货"的关键环节，主播一旦卖了劣质商品，不仅会伤害用户的权益，也会使自己失去用户的信任。

✎ 课堂讨论

淘宝直播选品方法有哪些？

4.2.1 淘宝直播选品方法

要想直播"带货"，首先要有商品，但是商品类目繁多，主播就需要采取一定的选品方法。淘宝直播选品的方法具体如图4-7所示。

1. 根据用户画像选择

用户画像是根据用户的社会属性、生活习惯和消费行为等信息而抽象出的标签化用户模型。构建用户画像的核心工作即给用户贴标签，而标签是通过分析用户信息得到的高度精练的特征标识。

图4-7 淘宝直播选品方法

例如，如果某些用户经常在直播平台购买一些玩具，那么直播平台就会根据用户买玩具的情况给用户贴上"有孩子"的标签，甚至还可以判断出孩子的大概年龄，贴上"有3~6岁的孩子"这样更为具体的标签。而这些标签综合在一起就形成了用户画像，如"3~6岁孩子的家长且经常买玩具"。根据这样的用户画像，主播可以选择3~6岁孩子的玩具作为直播销售商品。

2. 根据主播人设选择

把合适的商品交给合适的主播来卖，才能卖得更好，这是直播"带货"的基本道理。主播如果对美妆比较熟悉，那就尽量选择与美妆相关的商品。这样一方面能确保主播对商品的熟悉度较高，另一方面也符合用户对主播的预期，有助于提高商品转化率。

主播首先要打造好自身人设，根据自身的性格、讲话方式、兴趣爱好、专业技能，塑造一个特点鲜明同时又能跟商品匹配的形象。

3. 根据用户购买心理选择

分析用户的购买心理是为了预测用户的购买行为，以便选择适合用户的商品。

（1）适用。适用即求实心理，立足于商品的基本效用。具有这类心理的用户在选购商品时不过分强调商品的美观性，而以朴实、耐用为主，在适用心理的驱使下，偏重商品的性能，而将其外观、价格、品牌等放在次要考虑的位置。

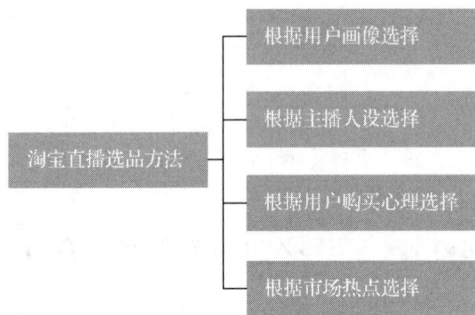

（2）经济。经济即求廉心理，在其他条件大体相同的情况下，价格往往成为左右用户是否购买某种商品的关键因素。打折、拍卖等活动之所以能牵动大量用户的心，就是因为这类用户存在求廉心理。

（3）可靠。用户总是希望商品在规定的时间内能正常发挥其使用价值，可靠实质上是"经济"的延伸。品牌商品在激烈的市场竞争中具有优势，就是因为其具有可靠的质量。所以，具有远见的商家总是在保证质量的前提下打开商品销路。

（4）安全。随着科学知识的普及、经济条件的改善，用户对自我保护和环境保护的意识增强，安全性越来越多地成为用户选购某一商品的动机。绿色商品具有十分广阔的前景，就是因为这一用户购买心理的存在。

（5）审美。爱美之心，人皆有之，美感也是商品的价值之一。抱有这种购买心理的用户在选购商品时不以使用价值为中心，而是注重商品的品格和个性，强调商品的艺术美感。

（6）好奇。所谓好奇心理，是对新奇事物和现象产生注意和爱好的心理倾向，也可称作好奇心。在好奇心理的驱使下，用户会尝试没见过或没用过的商品。

（7）求新。抱有这种购买心理的用户在选购商品时尤其重视商品的款式和眼下的流行样式，追逐新潮，对于商品是否经久耐用、价格是否合理则不大考虑。

（8）从众。某些用户在购物时容易受别人的影响，如见到许多人正在购买某种商品，他们也极可能加入购买的行列，或者别人说某种商品好，他们很可能决定购买，别人若说某种商品不好，他们则很可能放弃购买。

素养提升

国货成为新一代消费者的重要选择

阿里研究院发布的《2020中国消费品牌发展报告》显示，中国本土品牌线上市场占有率已经达到72%。同时，根据《百度2021国潮骄傲搜索大数据》报告，国潮在过去10年里的关注度上升了528%。国货成为新一代消费者的重要选择。

中国国力越来越强盛，文化自信愈加坚定，这样的背景给当代年轻人一种很强的时代感召，年轻人愿意去建立属于这个时代的文化归属感，彰显自己所在群体和其他社会群体的不同。

越来越多中国产品在海外成功圈粉的同时，也有越来越多的中国服务在许多国家生根，越来越多的中国标准在国际舞台崭露头角。国货当自强，我们期待整个行业不断增品种、提品质、创品牌，满足国内外消费市场的需求，也期待更多国货品牌带来更多新的惊喜。

4. 根据市场热点选择

直播"带货"的选品要贴合市场热点，如端午节时吃粽子，中秋节时吃月饼，或某段时间某知名艺人或直播达人带火了某款商品，这些都是主播可以贴合的市场热点。

用户当下对这些商品保持了高度关注，即使不买也会在直播间热烈地讨论相关话题，从而提高直播间的热度，吸引更多用户进入直播间，这在一定程度上会提高其他商品的销量。

4.2.2　直播间商品陈列方式

商品陈列是烘托直播间购买氛围的手段。直播间商品陈列方式主要有主题式、分类式和组合式，如图4-8所示。

1. 主题式

主题式商品陈列即结合某一事件或节日，集中陈列有关的系列商品，渲染气氛，营造一个特定的环境，以利于该系列商品的销售。主题式商品陈列的主要特征是统一，即与直播间的主题或风格保持一致。

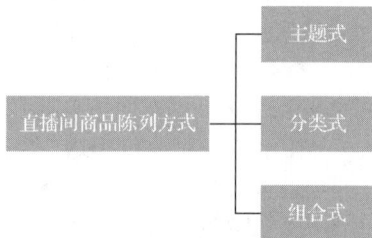

图4-8　直播间商品陈列方式

采用主题式商品陈列的商品可以是一种商品，如某一品牌的某一型号的家用电器、某一品牌的服装等，也可以是一类商品，如系列化妆品、工艺礼品等。

一般来说，直播间的商品陈列主题可以分为3个类型，如表4-2所示。

表4-2　直播间的商品陈列主题

主题	分主题	具体商品
节假日	中国传统节假日	春节、端午节、元宵节、中秋节、清明节特色商品
	文化历史节假日	儿童节、教师节、母亲节、父亲节、劳动节特色商品
季节	春季	烧烤、防雨用具
	夏季	清凉降火、防晒、防蚊、饮料、冰棍等商品
	秋季	旅游、民宿
	冬季	羽绒服、火锅、润肤乳
商品品类	零食	干果、罐头、薯片、果冻、巧克力
	服装	裙子、衬衫、牛仔裤、西装
	美妆	口红、润肤乳、眼影、面膜
	厨卫	洗涤用品、餐具

例如，卖食品的商家可在直播间陈列各种食品，如图4-9所示；而卖珠宝首饰的商家可在直播间陈列某种特定风格的珠宝首饰，如图4-10所示。

2. 分类式

分类式商品陈列是根据商品质量、性能、特点和使用对象等进行分类，然后将同一类别的商品进行集中陈列，向用户集中展示商品的陈列方法。例如，鞋子可分为皮鞋、布鞋、旅游鞋、拖鞋4类，也可分为男鞋、女鞋、童鞋3类。这种商品陈列方式主要是通过品类的组合，为用户营造选择多的购物氛围，从而让用户从中购买到自己心仪的商品。

图4-9　陈列食品　　　　　　图4-10　陈列珠宝首饰

图4-11所示为分类式商品陈列，在直播间中，该商家所卖的商品品类繁多，给用户提供了很多选择。

3．组合式

组合式商品陈列方式能强调商品与商品之间的紧密联系和搭配，引导用户将商品组合起来同时下单。商家利用好商品的组合式陈列方式不但可以提升用户的购物体验，还能提高整体销量。

图4-12所示为组合式商品陈列，商家在直播间组合展示了洗碗机、豆浆机、微波炉等商品。

图4-11　分类式商品陈列　　　　　图4-12　组合式

4.3 淘宝直播引流

淘宝直播互动性非常强，能够带动用户边看边买，但是前提是直播间有流量。那么怎样做才能吸引流量到自己的淘宝直播间呢？

微课视频

淘宝直播
引流

✎ 课堂讨论

淘宝直播常见的引流方法有哪些？

4.3.1 好的直播标题让直播间流量翻倍

直播标题是影响直播间能否在第一时间吸引用户观看直播的重要因素。如果没有吸引人的标题，即使直播的内容很精彩，也难以吸引大量用户观看直播。在设置直播标题时，可以采用以下几种方法，如图4-13所示。

图4-13 直播标题设置方法

1. 数字式标题

数字式标题是指在标题中呈现出具体的数字，通过数字的形式来概括相关的主题内容。数字式标题一方面可以利用引人注目的数据引起用户注意，另一方面可以有效提高用户阅读标题的效率。数字代表的是精确、客观和专业，在标题中加入数字不仅能很快让用户建立对商品的信任，还能以一种有冲击力的方式迅速准确地抓住用户的注意力。

💡 知识窗

数字式标题的撰写技巧如下。
（1）从直播内容中提炼出数字式标题。
（2）在标题中通过数字对比，设置冲突和悬念。
（3）按照内容的逻辑结构撰写数字式标题。

2. 名人式标题

名人式标题是指在标题中利用名人（如权威专家、知名人士）的影响力对直播的商品或服务进行推广营销，以达到快速销售商品的目的。这种类型的标题都比较简单，一般含有名人的信息，如"某某名人某月某日直播"。

名人的事情通常是大众所关注的，因此可利用名人效应设计直播标题。用户爱屋及乌，因为对名人的喜欢、信任，从而转嫁到对商品的喜欢、信任。如果所宣传的事物或者商品和名人有联系，借助名人效应，会吸引不少的关注。

3. 悬念式标题

悬念式标题是指在标题中设置一个悬念，吸引用户的注意力，使用户产生追根究底的心理，在寻求答案的过程中不自觉地对直播产生兴趣。

在标题中提出疑问能够为直播内容增加悬念，而这种悬念能够吸引用户关注直播。好奇是人的本能，悬念式标题就是利用了用户的好奇心，从而让用户在好奇心的驱使下进入直播间。

在设计悬念式标题时，要将事实与悬念的线索相匹配，做到融会贯通。此外，标题事实要是最近发生的事情。最后，悬念的设置要简明而单一，要把握好悬念的度，既不要使用太过暴露的话语来提示用户，也不要隐藏得太深，故弄玄虚。

4．热点式标题

热点式标题主要是将最新的热门事件、新闻热点等作为直播标题创作的源头，利用用户对社会热点的关注来引导他们关注标题，从而进入直播间。热点包括世界杯、奥运会、热播电视剧等。

商家可以利用百度热搜榜、今日头条热榜等来关注最新的热点，并在撰写直播标题时巧妙地借助这些热点。例如，2022年北京冬奥会，某商家直播标题中含有"2022冬奥会国家队比赛新款运动服"。消费者在选购商品时，看到与商品关联的热点事件，会体会到两者之间有共同点，从而产生一种天然的好感。

5．文化式标题

文化式标题将诗词、方言、戏曲、谚语等经典文化元素融入直播标题，以提升直播标题的文化内涵，带给用户高雅的感受。具有文化底蕴的直播标题能吸引用户的关注，可以提升商品和品牌的价值。

4.3.2 好的直播封面图能省下推广费

直播封面图是用户接触直播的第一环节，使用封面图可以建立直播间特色、吸引用户点击。一张好的封面图对于直播来说非常重要，图片比文字更具有冲击力，更能吸引人关注。图4-14所示为直播封面图。

直播封面图的设置技巧分为人像直播封面图的设置技巧和商品直播封面图的设置技巧，分别如图4-15和图4-16所示。

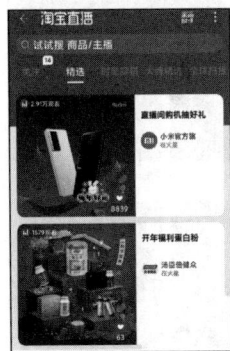

图4-14 直播封面图

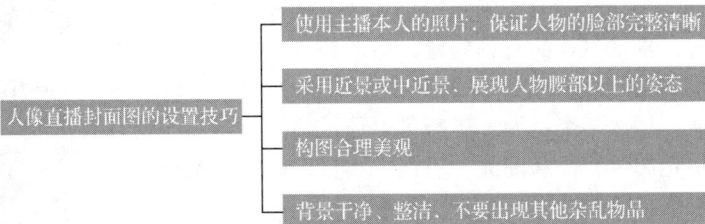

图4-15 人像直播封面图的设置技巧

使用主播本人的照片，保证人物的脸部完整清晰

采用近景或中近景，展现人物腰部以上的姿态

构图合理美观

背景干净、整洁，不要出现其他杂乱物品

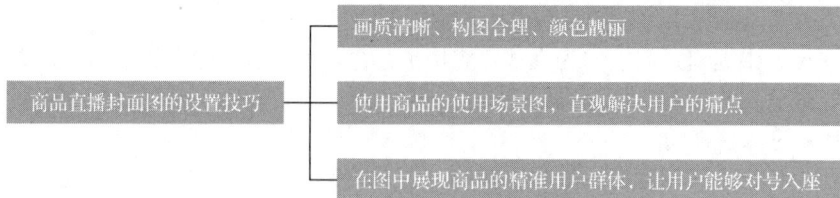

图4-16　商品直播封面图的设置技巧

设置直播封面图时有以下注意事项。

（1）直播封面图要符合平台的规范。对于违规的直播封面图，平台会禁止直播在广场上展示。

（2）直播封面图要清晰、主体适中、主题明确、符合平台定位。

（3）直播封面图不要使用有色情倾向、侵权、与自然现象不符、与主题无关、修图过分、过暗、模糊、拉伸变形的图片。

（4）直播封面图要给人干净、整洁的印象，所以图片上尽量少加标题和图案。如果想展示一些卖点和促销信息，可以使用浮窗的功能。

（5）直播封面图不宜用拼接图，拼接图违反了直播封面图大气干净的原则。另外，加了边框的图片，也不宜用作直播封面图。

（6）直播封面图不应添加联系方式、水印、表情包、商家Logo（部分平台活动会要求用统一的Logo）二维码。

4.3.3　淘宝直播平台内付费引流

淘宝直播的流量分配机制是"私域维护好，公域奖励多"。如果直播运营团队能够把自己的私域流量维护好，那么，淘宝直播会给予直播间免费的公域流量；直播间的私域流量越多，淘宝直播奖励给直播间的公域流量也会越多。

因此，直播运营团队在淘宝直播进行引流推广，关键是坚持开播，维护自己的私域流量。在此基础上，直播运营团队再使用"超级直播"，将直播推广至淘宝直播的直播广场、淘宝App的猜你喜欢等优质资源位，从而取得良好的直播引流效果。图4-17所示为淘宝直播资源位。

超级直播基于阿里巴巴大数据推荐算法，能快速解决直播过程的营销问题。借助超级直播，主播可以没有自己的店铺，只要明确营销诉求，就能快速投放、触达多个资源。商家可以通过超级直播赋能全方位定向体系，从商品、店铺、类目、内容、粉丝等多维度，精准地找到潜在消费者。

下面讲解在移动端使用超级直播。在淘宝主播App中开启直播后，在"全部工具"中点击"超级直

图4-17　淘宝直播资源位

播"按钮,如图4-18所示;进入"订单管理"界面,点击"去创建首笔订单"按钮,如图4-19所示。

之后即可按照界面选项设置推广计划,如图4-20所示。在这里可以设置投放模式、预计给直播间带来的观看人数、订单类型、下单金额、投放时间、投放时段、将直播推荐给哪些买家等内容。完成这些设置,并支付一定的金额后,即可开始付费推广。

图4-18　点击"超级
直播"按钮

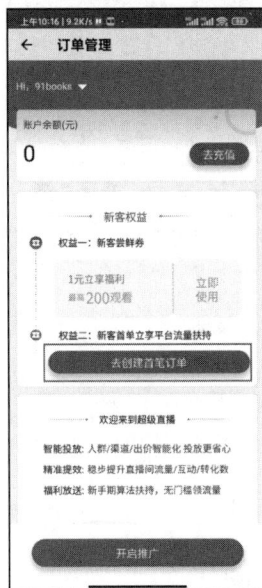

图4-19　点击"去创建
首笔订单"按钮

图4-20　设置推广计划

4.4　淘宝直播商品的上架与讲解

淘宝直播商品的上架与讲解是非常重要的,有了商品才可能有转化,直播电商的最终目的就是卖出商品。

4.4.1　添加直播商品

下面介绍如何在淘宝直播间添加直播商品,具体操作步骤如下。

(1)登录PC端淘宝直播中控台,点击"创建直播"按钮,如图4-21所示。

(2)在打开的"创建直播"页面中,点击"添加宝贝"按钮,如图4-22所示。

(3)在打开的页面中选择要添加的商品,点击"下一步"按钮,如图4-23所示。

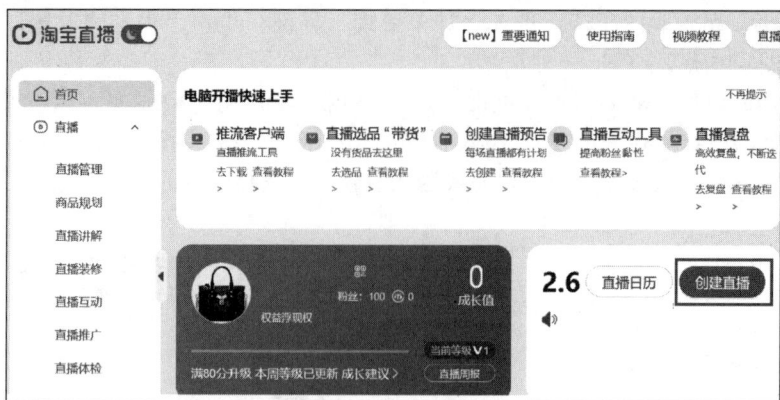

图4-21　点击"创建直播"按钮

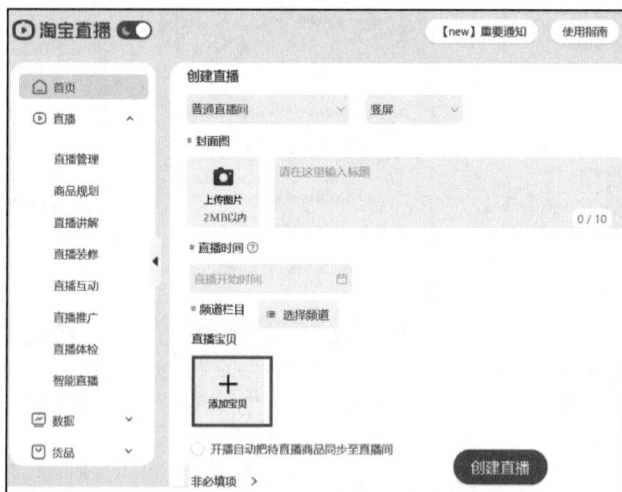

图4-22　点击"添加宝贝"按钮

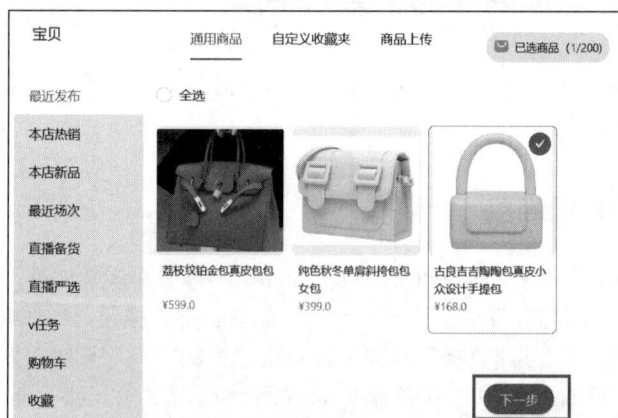

图4-23　选择商品

（4）在打开的页面中编辑商品利益点，如图4-24所示。

图4-24　编辑商品利益点

（5）点击"确定"按钮，返回"创建直播"页面，在"直播宝贝"下选中"开播自动把待直播商品同步至直播间"单选按钮，如图4-25所示，即可在直播间添加商品。

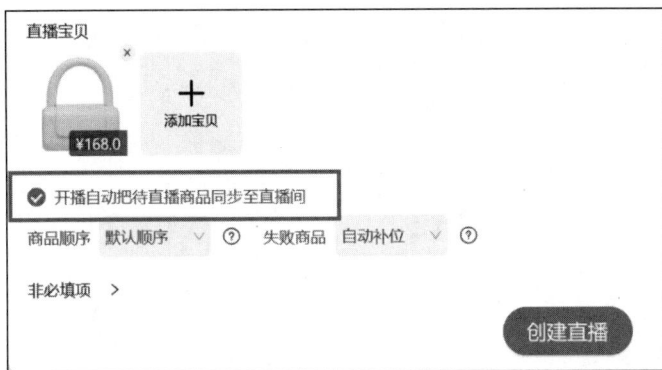

图4-25　选中"开播自动把待直播商品同步至直播间"单选按钮

4.4.2　为商品设置直播讲解

直播讲解功能被誉为淘宝直播公域流量利器。使用了直播讲解功能的直播间，所对应的"直播讲解"将会被淘宝直播个性化投放到频道页的所见即所得、淘宝主搜、猜你喜欢等模块，获得更多的公域曝光机会；用户点击相应模块后，直接进入直播间。

主播在直播过程中讲解某款商品时，可以在PC端淘宝直播中控台或淘宝主播App"宝贝口袋"中设置直播讲解，系统会在该时间点生成一个看点视频。为商品设置直播讲解的具体操作步骤如下。

（1）打开淘宝主播App，并确保当前的直播间状态是开播中，在"宝贝口袋"中点击某商品的"开始讲解"按钮，如图4-26所示。

（2）直播讲解录制开始，直播讲解录制中，点击"结束讲解"按钮，直播讲解录制成功，如图4-27所示。

（3）录制完成后，还可以点击"删除讲解"按钮删除讲解，如图4-28所示。

图4-26　点击"开始讲解"按钮

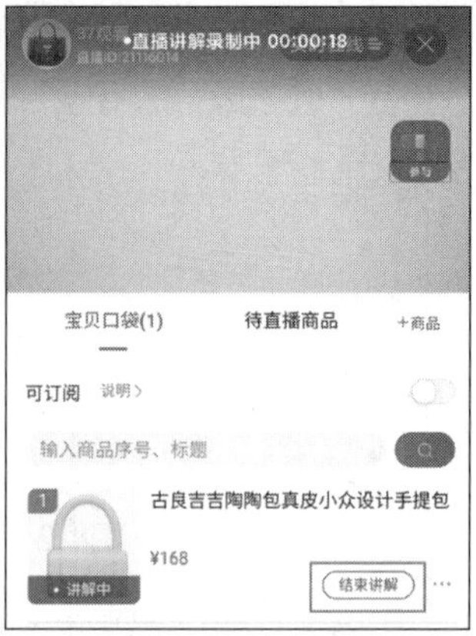

图4-27　直播讲解录制中

图4-28　直播讲解录制成功

知识窗

设置直播讲解的注意事项如下。

（1）确保正在讲解的商品，和被标记"直播看点"的商品信息一致。

（2）在录制直播讲解的时候，直播间必须在开播状态。

（3）录制画面会有延迟，需要多讲一段时间保证商品一定出现。

（4）被标记"直播看点"的商品，需要确保商品主图中有一张是白底素材图。

4.5 淘宝直播间促销技巧

微课视频

本节介绍淘宝直播间促销技巧，包括巧妙派发红包、福利抽奖活动、发起互动小游戏、节日型促销、时令型促销、预售促销。

淘宝直播间
促销技巧

4.5.1 巧妙派发红包

一场完美的直播离不开主播与用户之间的互动，用户越活跃，直播效果才会越好。派发红包是直播间比较常见的一种引流策略。在直播期间，主播向用户派发红包的操作方法如表4-3所示。

表4-3　派发红包的操作方法

派发红包的步骤	具体做法
约定时间	主播提前告诉用户，5分钟或10分钟以后准时派发红包，并引导用户邀请朋友进入直播间领红包，这样不仅可以活跃气氛，还会提升直播间的流量
站外平台领红包	除了在直播平台上发红包，主播还可以在支付宝、微信、微博等平台上向用户派发红包，并提前告知用户得到红包的条件是加入粉丝群。这一步是为了向站外平台引流，便于直播结束之后的效果发酵
派发红包	到达约定的时间后，主播或助理就要在平台上发红包。为了提醒用户、营造热闹的氛围，主播可在发红包之前进行倒计时

对于新主播来说，其前期粉丝数量很少，可以采用派发红包的方式来提升直播间的人气，派发的红包如图4-29所示。派发红包要在介绍完商品，并等待用户输入指定内容、拍下订单以后进行。主播可以这样说："好了，现在又进入我们的发红包环节了，主播马上就要派发红包了！"主播可以进行倒计时，让用户做好准备，并在派发完红包以后展示领红包的人数。

下面就介绍直播派发红包的技巧。

（1）刚开始直播时，观看直播的人数较少，主播间断发放小额红包，可以为直播间积累人气，吸引更多人进入直播间；后续人数增加后再发放大额红包。

（2）在线人数平稳时，主播可增加红包发放数量，让更多用户领到红包，避免用户中途退出。若领红包的重复率太高，发红包的时间要延长，让更多新进入直播间的用户可以领到红包，以便稳定在线人数。若是直播间在线人数有所下降，主播要立刻派发红包，以吸引用户观看直播。

（3）在线人数达到峰值时，主播可发放大额红包，并增加红包数量，争取最大限度地进行外推和拉新，加强曝光效果。

（4）主播在某个节点派发红包，如点赞满2万次时派发红包。尽量不要在固定时间点派发红包，如整点派发红包，因为这样用户可能只会在固定时间点进入直播间领红包，直播间的互动性会差很多。只有主播在与用户的互动达到某一节点时派发红包，用户才会更有参与互动的积极性，直播间的人气才能更快地提升。

除了直接发放现金红包，主播还可以发放口令红包。口令红包是撬动主播的私域流量的引流工具。口令红包为随机面额红包，用户只能在对应主播的直播间下单使用。主播配置完红包模板后可在投放前设置口令，将口令发在微信群、微博等场景，引导用户在直播间评论区输入口令领口令红包。图4-30所示为口令红包。

一般来说，口令红包多采取优惠券形式，即用户在领到红包以后，只能用于购买指定商品，否则这个红包就没有意义。因此，在领到红包以后，很多用户会选择购买指定商品，以免浪费红包，这就提高了用户的购买转化率。

要想获得更好的营销效果，主播可以对口令红包的使用做出限制，如表4-4所示。

图4-29　派发的红包　　　　图4-30　口令红包

表4-4　口令红包的使用限制

使用限制的类型	说明
使用条件	红包必须满足一定条件才能使用，如"满99元可使用"
使用期限	红包必须在限定的时间内使用才能获得购买优惠

4.5.2　福利抽奖活动

福利抽奖活动是主播与直播间用户互动、拉新涨粉的利器。主播运用其不但能够活跃直播间氛围、提升直播流量，还能通过用户拉新助力的方式产生裂变、促进涨粉，提升用户的直播间停留时长。而且，用户在参与抽奖的同时可以帮助直播间提升转化率。

商家通过福利抽奖活动来吸引用户观看直播，可以大幅增强用户黏性。用户有追求实惠的心理，福利抽奖活动则能够直接带给用户实惠。在观看直播的过程中，用户追求实惠的心理得到了满足，自然会关注商家的直播间，因此，商家就会获得更多关注度。图4-31所示为直播间福利抽奖活动。

开展福利抽奖活动并不只是为了将奖品送出去，商家需要掌握开展福利抽奖活动的技巧。

图4-31　直播间福利抽奖活动

（1）商家要让更多用户知道自己在开展福利抽奖活动，同时让其了解抽奖的形式和内容。商家可以提前发布福利抽奖活动的预告，吸引更多用户关注。商家可以定期开展福利抽奖活动，以持续刺激用户产生购买行为。

（2）用户参与活动后，需要在直播间等待开奖，中途离开则抽奖资格将会失效。所以商家要注意福利抽奖活动时间不要设置得太长，尽量控制在15分钟以内，可以设置多轮福利抽奖活动。

（3）商家要注意直播的节奏和与用户的互动。在抽奖之前，商家应提醒用户点赞、评论、发弹幕等，待直播间的气氛活跃起来后再进行抽奖。

（4）抽奖的整个过程应公开、公平、公正，不要让用户质疑抽奖的公平性。

（5）在抽奖结束后，商家在公布中奖名单时需要对中奖的用户表示恭喜，同时让没有中奖的用户不要灰心，告知其下一次抽奖的具体时间、抽奖的内容等，增加用户的期待感。

4.5.3　发起互动小游戏

淘宝直播中的互动小游戏是指以挑战赛的形式让主播与用户互动，用户点赞会影响主播的分值，而主播挑战成功才能送出福利。主播要通过小游戏和用户形成良好的互动，营造出真正的挑战感、紧张感和综艺感。

在淘宝直播间发起互动小游戏，直播间的互动率和观看时长可以大幅度提升。发起互动小游戏的核心要素有以下3点，如图4-32所示。

1. 充分预告

直播开始时，主播要发出互动小游戏预告，让用户有动力为了好玩的互动内容和预期的权益准时进入直播间，从而提高直播间的观看时长。预告方法可以是直播间顶部公告通知、直播间贴纸预告，也可以是主播不断口播预告。图4-33所示为直播间贴纸预告。

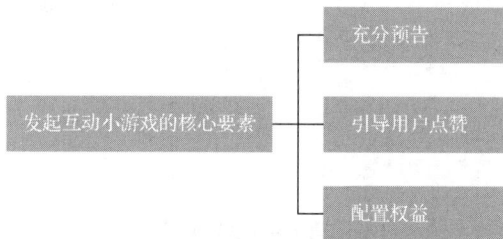

图4-32　发起互动小游戏的核心要素　　　图4-33　直播间贴纸预告

2. 引导用户点赞

用户点赞会影响主播在游戏中获得的分值，分值越高，主播发出的权益才会越大。因此，主播要引导用户点赞，以提升直播间的互动率。

3. 配置权益

主播要为互动小游戏配置一定的权益，可以是大额优惠券、红包或小样礼品。主播在设置权益时，可以根据分值设置不同的等级，也可以从点赞的用户中抽取几位，额外赠送小礼品。

4.5.4　节日型促销

直播间的节日型促销，是指利用春节、元宵节、劳动节、儿童节、端午节、母亲节、父亲节、国庆节、中秋节等节日开展促销活动，以吸引大量用户到直播间购物。

图4-34所示为海尔官方旗舰店直播间在年货节期间以与家相关的亲情主题，开

展促销活动。其设置了抽奖等活动，活动以电视大屏、贴片广告、滚动条幅等形式展示在显眼位置，让用户进入直播间的第一时间就能注意到。

开展节日型促销，需要做好以下三方面的工作，如图4-35所示。

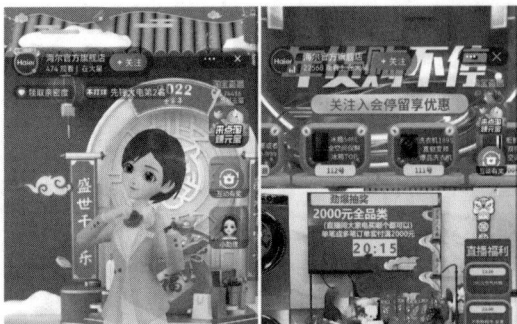

图4-34　海尔官方旗舰店直播间年货节促销　　　图4-35　节日型促销需做好的工作

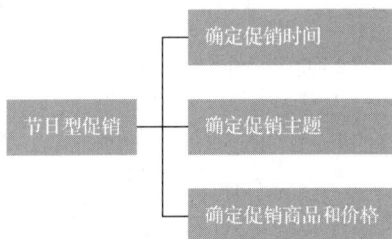

1．确定促销时间

虽然是节日型促销，但并不意味着促销活动只能在节日当天进行，也不意味着促销活动只有一天。对于某些节日来说，节日当天反而并不是最佳的促销时间。

以春节为例，在春节开展促销，并不是在"大年初一"开展促销，而是应该在春节前就开展促销，因为这段时间是人们采购过年物品的时间。

2．确定促销主题

不同的节日有不同的促销主题设计方法。可供参考的节日型促销主题关键词如表4-5所示。

表4-5　可供参考的节日型促销主题关键词

节日	促销主题关键词	举例
春节	过年、红包、送礼	送给父母的过年礼物、年货节好物清单
元宵节	猜谜	共设谜语××条，猜对谜语赠送礼品
情人节	浪漫、爱情、甜蜜	情人节女士礼物"蓝"，情人节男士礼物"蓝"
劳动节	小长假、福利	五一小长假福利、五一小长假低价总动员
儿童节	儿童、童年、快乐、回忆	给孩子的礼物、找回童年
母亲节/父亲节	母爱、父爱	给母亲的礼物、给父亲的礼物
教师节	老师	教师节"走心"礼物，致敬可爱的老师
国庆节	国庆、长假	国庆放"价"、国庆福利
中秋节	金秋、中秋、团圆、月饼	金秋"豪"礼

3．确定促销商品和价格

确定促销主题后，即可选择符合主题的商品，并确定合适的促销价格。在此需要注意，促销价格需要有吸引力，但并不是价格越低越好。在促销活动中，让利幅度应控制在合理的范围以内。商家要根据直播间的定位风格、产品的价值，制定一个合理的促销价格。

4.5.5　时令型促销

在直播间，时令型促销分为两种，一种是清仓型促销，另一种是反时令促销。

1. 清仓型促销

清仓型促销是在一个季节过去大半时，将前段时间的热销商品进行一波清仓甩卖；或者是低价出售销量不太好的商品，让喜欢低价的用户前来购买。因为库存太多会影响下一季的进货，"宁可亏钱、不可压货"，这是一些服装在淡季的销售原则。一些季节性强的商品，换季促销时活动力度一般都会比较大，而用户显然也很乐于接受清仓这类活动。图4-36所示为直播清仓。

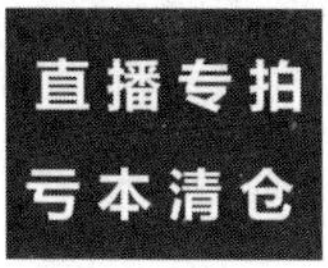

图 4-36　直播清仓

> **小提示**
>
> 一般来说，商品销售的淡旺季转换期是清仓的好机会。而商品是否适合进行清仓型促销，主要是由商品本身属性决定的。

2. 反时令促销

反时令促销是指销售与季节需求不符的商品。大多数用户的消费习惯都是按时令需求进行消费，缺什么才买什么。销售商品的商家一般也是如此，即按时令需求供货。这就造成有明显夏季和冬季需求属性的商品，在一年中仅有三个月的销售期。商家错过这三个月，商品就会积压在仓库，这就增加了商家的经营成本。因此，对于商家而言，其很可能愿意以较低的价格出售仓库里的过季商品。而主播与这些商家合作，也就更容易得到有吸引力的价格支持。

> **小提示**
>
> 用户对反时令商品有一定的需求，那主播通过反时令促销的方式能够有效地提高商品的销量，清理库存。反时令促销吸引用户的地方就是商品的价格十分实惠，这是反时令促销的核心竞争力。

4.5.6　预售促销

所谓预售促销，是用户需在商品上市之前付费，当预售达到一定数量或其他条件后商家才发货。预售商品也是商家提供一个商品或者服务方案，通过直播平台聚集订单，按照事先约定将商品或服务提供给用户的一种销售模式。图4-37所示为预售促销。

越来越多的商家开始采用预售促销，尤其是在各大节日的时候，各大平台加大活动力度，为了促进消费造大声势。预售模式，其实本质上是零库存模式的具体呈现方式，是最大限度地降低商家的库存管理成本、降低资金压力的有效方式。

图4-37　预售促销

4.6 淘宝直播粉丝运营与维护

主播通过直播吸引用户并不是最终目的，而是促进订单转化的一个重要途径。为了让直播"带货"数据保持稳定增长，提升粉丝互动体验，主播需要了解直播间粉丝运营与维护。

4.6.1 直播间粉丝的类型

淘宝主播要想做好粉丝的运营和维护，就要了解直播间粉丝的类型。主播在直播"带货"的过程中会遇到三种类型的粉丝。第一类粉丝有明确的购物需求，他们知道自己想要购买哪些产品；第二类粉丝有大概的购物需求，但不明确自己具体应该购买哪些产品；第三类粉丝没有购物需求，需要主播加以引导，为其创造购物需求来促成交易。对于这三种不同类型的粉丝，主播在推销产品时使用的推销方法有所不同。

1. 有明确购物需求

这类粉丝明确自己的购物需求，他们会重点关注自己需要的产品，而且下单也十分迅速。对于这类粉丝，主播应该考虑如何留存他们。由于这些粉丝已经有了稳定且习惯的购物环境和购物预期，主播需要做好以下几个方面。

（1）提升粉丝的购物体验。

（2）建立会员制。

（3）拉近与粉丝的距离。

（4）要保证货品的丰富度以及产品价格和质量优势。

2. 有购物需求，但是不明确

这类粉丝在观看直播时，对主播所推销商品的需求并不明确。这类粉丝往往有一些大概的购物需求，例如，想吃好吃的食物、想穿漂亮的衣服、想美化一下居家环境等，但对于吃哪些好吃的食物、穿哪些漂亮的衣服、怎样美化居家环境等并没有具体的想法。这时主播要做的就是将这类粉丝的需求具体化，帮助他们明确自己的购物需求。

在与这类粉丝交流时，主播不能只是一味地推销商品，要多与粉丝进行互动，从大概购物需求入手帮助粉丝明确其购物需求，将商品的功能、优势一一讲明，使粉丝明确其需要的就是主播推销的商品。主播要在直播间时刻保持热情状态，情绪饱满地与粉丝积极沟通，同时积极回复粉丝的问题，做好售后工作。

> **小提示**
>
> 对于这类粉丝，主播要提高粉丝看到满意商品的概率，最大限度地满足粉丝的需求，从而提升粉丝对自己的好感。另外，为了让粉丝感受到主播的诚意，主播可以为粉丝提供专属福利，如赠送商品、价格减免等。

3．没有购物需求

当粉丝对商品没有购物需求时，主播不必担忧，可以为粉丝创造购物需求，让粉丝明白自己对某商品是存在需求的。由于这类粉丝进入直播间的购买目的性比较弱，主播要加强消费引导，强调购买商品带给粉丝的利益，或使用优惠券、红包抽奖等活动形式吸引粉丝关注。同时，主播要与粉丝积极互动，拉近与粉丝之间的心理距离，增加粉丝对主播的信任感，从而提升购买转化率。在直播过程中，主播需要详细说明直播间优惠活动的细则，如哪些商品有折扣、满减活动的规则等，吸引这类粉丝购买商品。

总之，对于没有购物需求的粉丝，主播需要为他们创造购物需求。主播可以从粉丝的购物心理出发，对其加以引导，激发其购买欲望，这样就能够将商品快速推销出去了。

4.6.2　通过互动讨论增进粉丝关系

在直播的运营过程中，通过互动讨论提升粉丝的参与感是非常重要的。互动讨论常用的方法就是推出话题，让粉丝参与到直播话题中，从而进行互动。在设置直播话题时，主播需要注意三个方面，如图4-38所示。

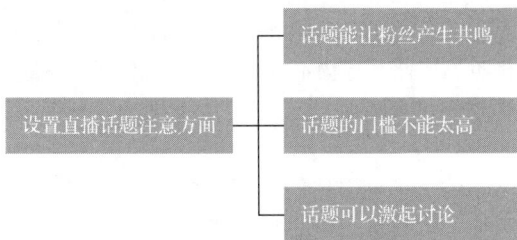

设置直播话题注意方面	话题能让粉丝产生共鸣
	话题的门槛不能太高
	话题可以激起讨论

图4-38　设置直播话题注意方面

1．话题能让粉丝产生共鸣

主播在设置话题时，要保证话题能够让粉丝产生共鸣，这样他们才会有表达的意愿。例如，主播可以在直播中推出"最适合偏黄皮肤的口红颜色""学化妆时你踩过的坑"等话题，这类话题可以让粉丝产生共鸣，激发其倾诉的欲望。

主播要想挑选出能让粉丝产生共鸣的话题，分析粉丝群体的特性是一项必不可少的工作。例如，如果主播的粉丝多为在校大学生，那么主播应选择"校园""学习""爱"等话题；如果主播的粉丝多为职场白领，那么主播应该选择"职场妆容""职场穿搭"等话题。

2．话题的门槛不能太高

在设置直播话题时，主播要注意话题的门槛不能太高。过于高深、专业的话题往往会让粉丝望而却步，而门槛较低的话题能够让更多粉丝参与到话题的讨论中。

3．话题可以激起讨论

在设置直播话题时，为了吸引粉丝参与话题讨论，主播要设置一些有讨论点的话题，例如"欧式风格和中式风格你更爱哪一个"。这样的话题能够激发粉丝讨论的热情，有不同偏好的粉丝在讨论的过程中也会产生"论战"，从而不断推动讨论达到高潮。

总之，推出直播话题是促使粉丝活跃、提升直播活跃度的有效方法。参与话题的粉丝越多，讨论得越热烈，直播的活跃度越高。因此，在设置直播的话题时，主播要掌握好以上要点，让更多粉丝参与到话题讨论中来。

4.7 直播电商物流问题处理

物流是维系商家和用户的一个重要枢纽，也是容易产生问题的一个环节。商家应了解如何处理物流问题，避免用户给予差评。

4.7.1 避免物流问题的注意事项

避免物流问题的注意事项如下。

（1）选择合法经营及适合的快递公司。商家选用的快递公司必须有相应的营业执照等证件。货物不一样，其对物流的要求也不一样。商家不要只在乎物流费用，更重要的是要确保快递公司是正规的，只有这样才能保证自己的货物被按时送到目的地。

（2）多问多比较。商家要多联系几家快递公司，特别是对物流费用、到达时间等细节，商家一定要问清楚。

（3）安全起见，为贵重商品保价。一般情况下，发送到同城的商品的安全性是较高的，但发送到地级以下的县城的商品的安全性较低，所以商家要为贵重的商品保价。

（4）售前充分说明物流情况，控制用户预期。商家在售前应与用户沟通，并解释因物流流程的复杂性及不可控的时间因素，可能发生包裹延误，甚至丢失的状况，希望用户给予理解，同时也表明自己解决问题的积极态度。

（5）发货时和运送过程中主动与用户沟通，避免用户焦虑。当用户下单之后，商家可回复用户，告知用户其订单已在处理中，会尽早发货，展现积极的服务态度。商家尽量在24小时内发货，发货时注明快递单号、查询网址、预估送达时间。

（6）填好发货单。当商品包装好后，商家需要填写发货单，这时千万不能粗心大意，一定要把收件人的地址、电话、姓名等填写详细。个别用户要求到货时间的，一定要在发货单上注明，商品编号、物流过程中需要注意的方面也要注明。

（7）使用物流托运大件商品。如果商家卖的是大件商品，使用物流托运比较划算，但是用户一般要自行去货场提货，所以这点一定要事先和用户说明。

（8）及时处理用户关于未收到商品的询问。当用户的询问得不到及时解答的时候，用户就会发起相应的投诉。所以，如果有用户询问未收到商品的问题，商家要在第一时间和用户联系并提供解决方案，以避免用户发起投诉。

4.7.2　解决物流问题的技巧

那么当物流出现问题后，商家怎样处理才能得到一个双方都满意的结果呢？在用户反馈物流问题时，商家应该及时给予回应，主动友好协商，了解用户反馈的具体问题，并有效解决。

（1）注意心态。物流出现问题在所难免，商家要有心理准备。很多商家不能以平和的心态来处理问题，用户与商家是平等的，同样商家与快递公司也是平等的，商家要以此为基础来解决问题。

（2）关注用户。用户一般都会问下单后几天能收到货，鉴于现在快递基本上是全国范围内1～4天到货，偏远一点儿的地区要4～5天，同城快递基本是今天发货明天到，商家可以这样回答用户：一般3～5个工作日送到。商家要给自己留有余地，毕竟快递晚点的可能性也是有的。

（3）关注物流。商家应跟快递公司确定好问题出现后该怎么解决，双方应遵循平等合作的原则。对于晚到的情况怎么解决、商品磕碰碎裂的情况怎么解决、配送人员态度不好怎么解决等问题，双方应达成书面协议，这样一旦出现问题就可按协议处理。出现物流问题后，商家也可让业务员帮忙，因为业务员比较熟悉快递公司的具体运作，而且比较了解内情，故而能有效地解决问题。

（4）向用户提供两种以上的问题解决方案（退款或重寄等），这样可以有效地改善用户的感受和提高解决问题的效率。

（5）若与用户协商一致，由用户退货时，商家应该注意以下事项。

① 联系用户，告知其在退货时，要在包裹上注明其ID及退货的原因。

② 签收退回的商品时，应及时验货，确认完好后再签收。

③ 若在签收时发现包裹异常，应主动联系用户，告知具体情况，并做好取证工作。

④ 若退回的商品无误，应及时退款给用户，以免发生投诉。

课堂实训

课堂实训一：开通淘宝直播权限

淘宝商家可以下载淘宝主播App，登录账号并入驻淘宝直播，具体操作方法如下。

（1）下载并登录淘宝主播App，进入"首页"界面，点击"立即入驻，即可开启直播"按钮，如图4-39所示。

（2）在打开的界面中点击"去认证"按钮，选中"我已阅读并同意以下协议"按钮，最后点击"确认入驻"按钮，如图4-40所示。

（3）打开"实人认证服务"界面，选中底部的"我已同意 实人认证服务通用规则"单选按钮，点击"开始认证"按钮，如图4-41所示。

（4）通过人脸识别进行实人认证，选中"同意以下协议"单选按钮，点击"完成"按钮，如图4-42所示。

（5）主播入驻成功，如图4-43所示，入驻成功后即可进行淘宝直播。

图4-39 点击"立即入驻，
即可开启直播"按钮

图4-40 点击"去认证"按钮

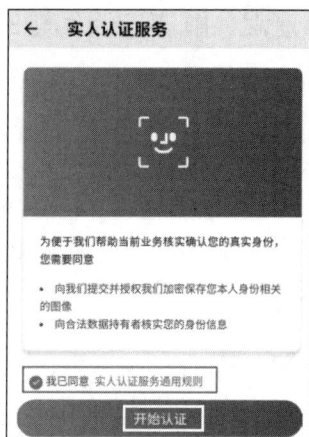

图4-41 点击
"开始认证"按钮

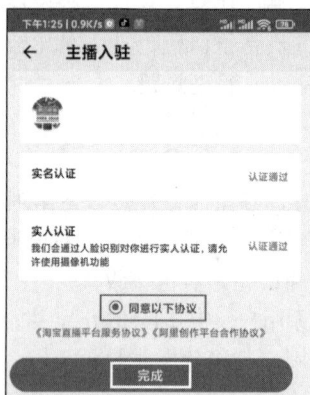

图4-42 点击"完成"按钮

图4-43 主播入驻成功

课堂实训二：发布直播预告

商家在直播前，一般会发布直播预告，不仅仅是为了告诉用户直播的时间，还可以预告一些直播内容，让感兴趣的用户安排时间来观看，同时便于系统选择优质直播内容进行推广及扶优操作。商家通过淘宝主播App发布直播预告的具体操作步骤如下。

（1）打开淘宝主播App并登录淘宝账号，点击导航栏的"淘宝直播"按钮，如图4-44所示。

（2）进入开直播界面，在下方点击"发预告"按钮，如图4-45所示。

（3）在打开的界面中添加封面、添加预告视频，设置直播标题、直播时间、内容介绍等信息，如图4-46所示。

（4）选择"频道栏目"选项，在打开的界面中选择售卖商品所属的频道栏目，如图4-47所示。

图4-44　点击"淘宝直播"按钮

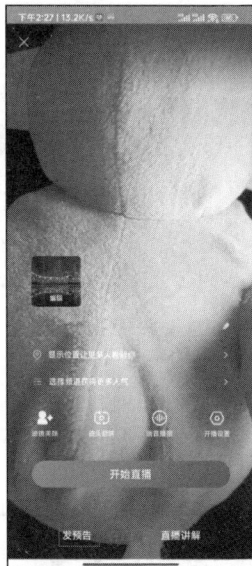

图4-45　点击"发预告"按钮

图4-46　设置直播信息

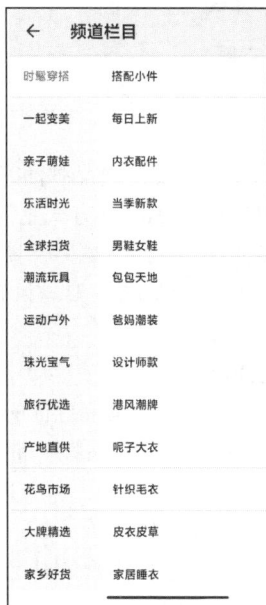

图4-47　选择频道栏目

（5）选择"添加宝贝"选项，如图4-48所示。

（6）在打开的界面中选择直播中要售卖的商品，如图4-49所示，点击"确认"按钮。

（7）添加成功后，点击"发布预告"按钮，如图4-50所示。

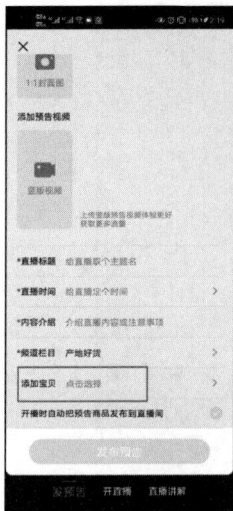

图4-48　选择"添加宝贝"选项　　图4-49　选择商品　　图4-50　点击"发布预告"按钮

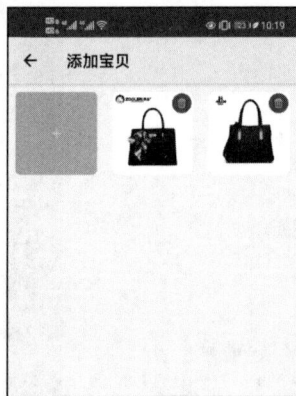

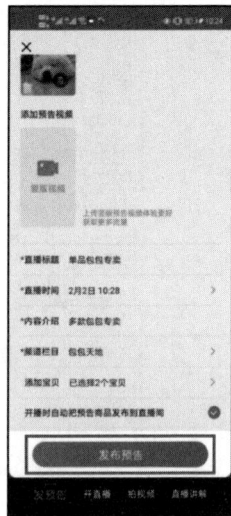

本章自测题

一、填空题

1．淘宝直播通常分为_____直播、_____直播、_____直播、_____直播。

2．_____更适合品牌商家，需要商家有强大的运营团队，不限店铺类型。

3．直播间的商品陈列方式主要有_____、_____、_____。

4．淘宝直播的流量分配机制是"_____"。

5．淘宝直播商品的上架与讲解是非常重要的，有了商品才可能有转化，直播电商的最终目的就是_____。

二、选择题

1．（　　）是目前淘宝直播的主力军，适合有粉丝基础的人，他们既能销售自己的产品，又能为企业和品牌"带货"推广。

　　A．达人直播　　　　　　　　B．淘宝全球购买手直播

　　C．淘宝店铺直播

2．（　　）是根据用户的社会属性、生活习惯和消费行为等信息而抽象出的标签化用户模型。

　　A．用户人设　　　　　　B．用户画像　　　　　　C．主播人设

3．（　　）即求廉心理，在其他条件大体相同的情况下，价格往往成为左右用户是否购买某种商品的关键因素。

　　A．适用　　　　　　　　B．从众　　　　　　　　C．经济

4．（　　）商品陈列即结合某一事件或节日，集中陈列有关的系列商品，渲染气氛，营造一个特定的环境，以利于该系列商品的销售。

　　A．主题式　　　　　　B．分类式　　　　　　C．组合式

5．（　　）是消费者需在商品上市之前付费，当预售达到一定数量或其他条件后商家才发货。

　　A．时令型促销　　　　B．预售促销　　　　　C．抽奖促销

三、简答题

1．淘宝直播平台的特点有哪些？

2．淘宝直播的类型有哪些？

3．直播间商品陈列方式有哪些？

4．直播标题的设置方法有哪些？

5．淘宝直播间促销技巧有哪些？

任务实训——淘宝直播

为积累淘宝直播的实操经验，我们将进行下述实训。

一、实训目标

1．熟悉淘宝直播平台特点。

2．掌握通过淘宝直播平台进行直播"带货"的具体操作。

3．掌握在淘宝直播平台上开启直播的主要流程。

二、实训内容

选择淘宝直播平台，完成开通直播、选品、添加商品、直播间促销等操作。

1．开通淘宝直播，完成实名认证。

2．选择合适的商品，添加直播商品，为商品设置直播讲解。

3．直播时，在直播间使用发红包、福利抽奖活动、互动小游戏、节日型促销、时令型促销、预售促销等促销方法。

4．做好直播时粉丝的运营与维护。

三、实训要求

1．要清楚选择淘宝直播平台的原因。

2．通过粉丝维护、优化直播内容等运营方式，争取将直播间峰值在线人数增加到1000人以上。

第5章

抖音直播

目前市面上的直播平台有很多，而抖音无论是用户数还是影响力，都居于行业前列。正是因为如此，许多运营者纷纷入驻抖音平台，期待在该平台中挖掘一桶金。毫无疑问，抖音平台蕴藏着巨大的商机。本章内容包括抖音平台认知、抖音直播开通、抖音小店运营、抖音直播引流、抖音直播营销工具、抖音直播粉丝运营和维护、抖音直播数据分析等。

【教学目标】

知识目标	☑ 熟悉抖音平台
	☑ 掌握抖音直播开通要求与新人权重
	☑ 掌握抖音小店运营
	☑ 掌握抖音直播营销工具
技能目标	☑ 掌握入驻抖音小店的条件
	☑ 掌握抖音小店商品上传
	☑ 掌握抖音直播引流
	☑ 掌握如何设置优惠券
	☑ 掌握抖音直播数据分析
素养目标	☑ 培养诚信经营意识，营造良好信用环境

5.1 抖音平台认知

微课视频

抖音平台认知

抖音于2018年5月正式启动电商业务，目前以短视频、直播"带货"为主。随着直播电商的爆发式发展，抖音加大力度自建抖音小店，开始签约"带货"主播，同时在供应链端与直播基地签约。未来抖音直播电商必将迎来更大的发展机遇。

✎ 课堂讨论
抖音平台的特点有哪些?

5.1.1 抖音平台的特点

抖音集合了短视频拍摄和直播等功能,自带流量优势。抖音强大的流量优势使得其直播获客成本较低,从而形成较大的竞争优势。抖音平台主要有以下几个特点,如图5-1所示。

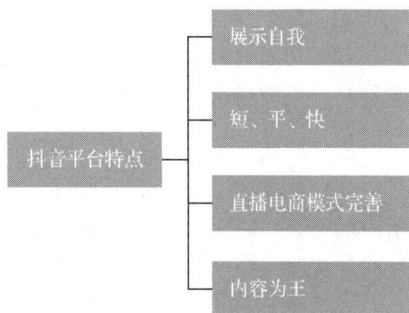

图5-1 抖音平台特点

1. 展示自我

年轻人追求个性,喜欢分享、娱乐,抖音刚好符合这几个特点。抖音最初的用户定位是有自我展示需求的创意达人,这些人的直接需求就是玩,希望能简单地拍摄出与众不同的视频,从而使自己被认识、被关注。

2. 短、平、快

抖音短视频的时长一般比较短,创作周期短,制作门槛低,每个人都可以创作,不需要专业的拍摄工具,一部手机便可以搞定。而且用户的浏览速度快,用户可以通过向上、向下滑动手机屏幕来切换短视频。

3. 直播电商模式完善

抖音直播电商有着很完善的体系,用户能在抖音中畅通无阻地购买商品。此外,抖音直播"带货"模式的兴起也给抖音电商增加了新的玩法,丰富了用户的购物选择,增加了账号运营者电商活动的可选项。

4. 内容为王

抖音会对原创的、优质的、定位垂直的作品提供各种支持政策,这些作品更容易受到用户欢迎,因此受到平台的大力推荐。

5.1.2 抖音平台推荐机制

抖音是个娱乐性较强的社交平台,集合了短视频拍摄和直播功能,自带流量优势。在开展电商业务后,抖音持续探索流量变现路径,目前已形成以直播、兴趣点、购物车和抖音小店为核心的电商矩阵,连接线上与线下,赋能直播商家。

抖音推荐算法是去中心化的,去中心化算法让每个视频都有机会火爆。抖音推荐机制包括以下几部分，如图5-2所示。

1. 流量池

抖音会给每一个作品分配一个流量池，即使账号没有任何粉丝，其发布的作品也会获得系统分配的流量。只要视频质量好，且流量池的表现比较好，抖音就会把视频推送给更多的用户。

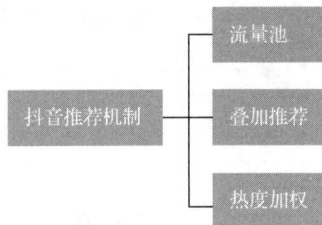

图5-2 抖音推荐机制

2. 叠加推荐

叠加推荐是指抖音会给新视频分发一定的推荐量。当视频的转发量超过一定的数量时，系统就会自动判断出这个视频是受欢迎的，并自动对该视频进行加权。

3. 热度加权

热门视频的完播率、点赞量、评论量、转发量都是很高的。视频只有经过大量用户的点赞、评论、转发，被层层热度加权之后才会进入抖音的推荐内容池。对于这样的视频，抖音可能会为其分发10万推荐量，甚至100万以上推荐量。

热度加权标准包括以下两方面。

（1）热度加权的参考次序：转发量>评论量>点赞量。

（2）视频的热度维持期为一周，比较短。因此为了维持较多的流量，创作者必须持续稳定地更新内容。

抖音直播的推荐机制和抖音平台的推荐机制是一样的。直播平台根据主播的账号权重先给主播一些初始流量，如果初始流量反馈给系统都是好的，平台就会继续给主播推流。直播平台主要依据直播间的点赞数、评论数、粉丝停留时长、下单数等数据来决定是否推荐给更多的用户观看。

5.1.3 抖音直播电商的特点

作为一种崭新的商业模式，抖音直播电商具有的特点可以从流量维度、选品维度、"带货"维度这三个维度来分析，如图5-3所示。

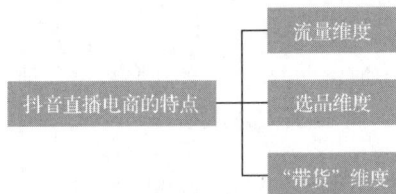

图5-3 抖音直播电商的特点

1. 流量维度

从流量的维度来看，直播间的流量主要是视频带来的，视频客观上可以起到过滤用户的作用。除了视频这个流量入口，另一个大的流量入口就是抖音的推荐。商家可以整理一些优质的直播片段添加到视频里去。

2. 选品维度

从选品的维度来看，抖音直播"带货"要比视频"带货"更简单。抖音直播"带货"的商品大致可分为两类。一类是低价促销的日用品，如牙膏、洗衣粉等。另一种是导购商品，比如口红、香水、服装等，对于这样的商品，商家就有必要在直播中通过主播的现场演示和话术，来引导用户下单。

3. "带货"维度

抖音的用户具备变现的能力，这主要是由他们的特征决定的。抖音的用户多为一、二线城市的年轻人，这些人喜欢时尚、追求潮流，且有较强的购买力。此外，用户受教育水平的高低同样对其变现的能力具有很大的影响。具有较高受教育水平的用户更容易接受新鲜事物以及外来的信息，包括商家的商品信息。

5.2　抖音直播开通

抖音直播有两种形式，即抖音内容直播和抖音直播"带货"。抖音内容直播的开通很简单，只要完成实名认证就可以。

5.2.1　抖音直播新人权重

抖音非常看重直播新人权重，具体来说，新人必须在10～15分钟之内将直播间的积极性调动起来，系统会对此进行识别，然后确定新人的直播间是否为高质量的直播间。如果在一段时间之内没有互动行为，系统会判断直播间的权重不是很高，后续流量可能也不会太大。基于此，平台将慎重考虑为这样的直播间进行内容推送。

在直播前，做好互动是非常重要的，如果粉丝能够积极参与互动，那么整个直播间的权重就会上升。平台是通过开场的数据、粉丝停留的时间、分享转发量、互动频率来确定直播权重的。

对于大多数人来说，其之所以不能制作出高质量的直播内容，是因为没有经验和自信。对于有志于做抖音直播的人来说，其要刻苦练习，比如把要销售的商品试做多次直播介绍。

5.2.2　开通抖音直播

开通抖音直播的具体操作步骤如下。

（1）打开抖音App，点击导航栏的"+"按钮，如图5-4所示。

（2）进入拍摄界面，点击"开直播"按钮，如图5-5所示，然后点击"开始视频直播"按钮。

（3）打开"实名认证"界面，输入真实姓名、身份证号等信息，然后点击"同意协议并认证"按钮，如图5-6所示。实名认证通过后，即可开通直播。

图5-4　点击导航栏的"+"
按钮

图5-5　点击"开直播"
按钮

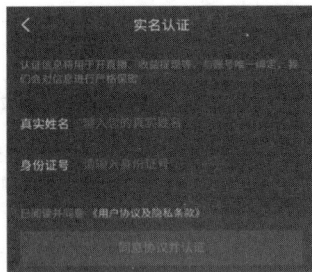

图5-6　实名认证

5.3 抖音小店运营

　　抖音小店（简称"抖店"）是抖音提供的一站式经营平台，能为商家提供全链路服务，帮助商家长效经营、高效交易，实现销售额的增长。

5.3.1　抖音小店入驻条件

　　抖音小店是商家的店铺运营阵地，支持商品管理、交易履约、售前售后服务等功能。通过将抖音账号与抖音小店进行一对一的绑定，商家可以实现对抖音电商经营的高效整合管理，用户在购物过程中也能有完整的一站式体验。抖音小店和淘宝店铺性质相同，都可以卖货，如图5-7所示。

　　开通抖音小店，需要具备以下资质。

　　（1）主体资质：经营活动的主体本身应当具备的资质，如营业执照、身份证等信息。

　　（2）品牌资质：与品牌相关的商标文件、授权文件等资质材料。

图5-7　抖音小店

（3）行业资质：商家从事某一行业的经营必须拥有的资质，如食品经营许可证、食品生产许可证、化妆品生产许可证等。

（4）商品资质：包含国家对商品的认证、认可和要求以及平台对商品特殊材质等的要求，如CCC认证、化妆品备案等。

> 🎓 **小提示**
>
> 必备资质：主体资质。
>
> 可选资质：品牌资质、行业资质、商品资质。

5.3.2　抖音小店类型

商家通过抖音小店可实现在平台上的持续经营，通过直播实现销售额的增长。目前抖音小店有5种店铺类型，如图5-8所示。

1．企业店

企业店是指以商标权利人提供普通授权的品牌入驻平台开设的企业店铺，经营1个及以上品牌。申请主体应为企业，个体工商户/个人不得申请。企业店包括以下情形。

（1）经营1个及以上自有品牌的企业店。

（2）经营1个及以上授权品牌的企业店。

（3）既经营授权品牌又经营自有品牌的企业店。

图5-8　抖音小店类型

2．专营店

专营店是指以商标权利人提供普通授权的品牌入驻平台开设的企业店铺，经营2个及以上品牌。申请主体应为企业，个体工商户/个人不得申请。专营店包括以下情形。

（1）经营2个及以上自有品牌的专营店。

（2）经营2个及以上授权品牌的专营店。

（3）既经营授权品牌又经营自有品牌的专营店。

3．专卖店

专卖店是指以商标权利人提供普通授权的品牌入驻平台开设的企业店铺。申请主体应为企业，个体工商户/个人不得申请。

专卖店包括情形：经营1个或多个授权品牌且各品牌归同一实际控制人的专卖店。

4．旗舰店

旗舰店是指以自有品牌（商标为R标或TM标）或由商标权利人（商标为R标）提供独占授权的品牌，入驻平台开设的企业店铺。申请主体应为企业，个体工商户/个人不得申请。旗舰店包括以下情形。

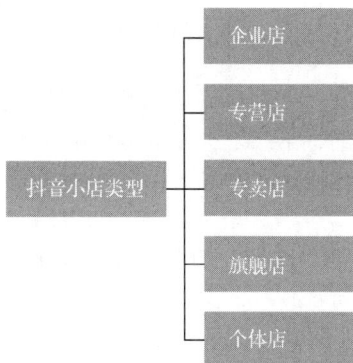

（1）经营1个或多个自有品牌的旗舰店。

（2）经营1个或多个非自有品牌（独占授权，且多个品牌需归同一实际控制人）的旗舰店。

5．个体店

个体店是指以商标权利人提供普通授权的品牌入驻平台开设的个体店铺，经营1个及以上品牌。申请主体应为个体工商户/个人，不能为企业。个体店包括以下情形。

（1）经营1个及以上自有品牌的个体店。

（2）经营1个及以上授权品牌的个体店。

（3）既经营授权品牌又经营自有品牌的个体店。

5.3.3　入驻抖音小店

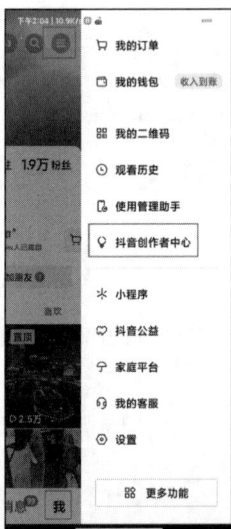

入驻抖音小店后可以实现商品交易、店铺管理、售前售后履约、第三方服务市场合作等全链路的生意经营。入驻抖音小店的具体操作步骤如下。

（1）进入抖音App中的"我"界面，点击右上角的"☰"按钮，在打开的侧边栏中选择"抖音创作者中心"选项，如图5-9所示。

微课视频

入驻抖音小店

（2）进入"创作者中心"界面，点击"全部"按钮，如图5-10所示。

（3）进入"我的服务"界面，点击"开通小店"按钮，如图5-11所示。

图5-9　选择"抖音创作者中心"选项　　图5-10　点击"全部"按钮　　图5-11　点击"开通小店"按钮

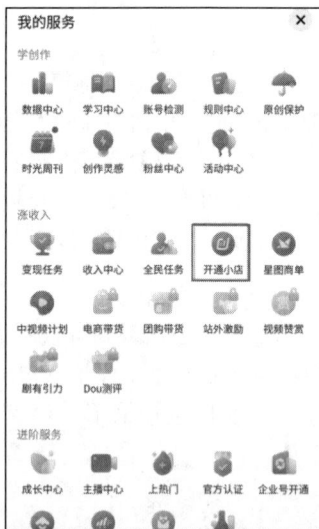

（4）进入"抖音电商"界面，点击"立即入驻"按钮，如图5-12所示。

（5）进入"认证类型选择"界面，点击符合自己实际情况的"立即认证"按钮，如图5-13所示；进入"主体信息"界面，如图5-14所示，填写并通过审核后即可成功入驻抖音小店。

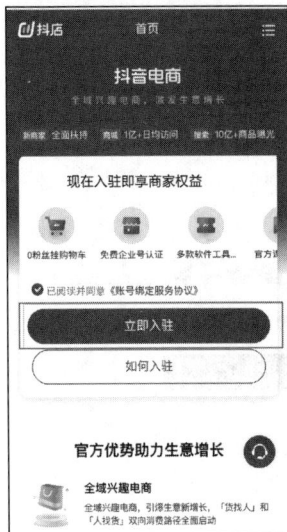

图5-12　点击"立即入驻"
按钮

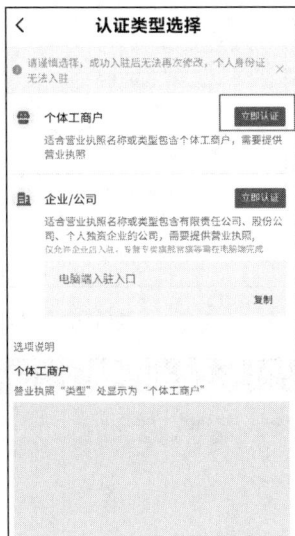

图5-13　点击"立即认证"
按钮

图5-14　填写主体信息

5.3.4　抖音小店商品上传

很多商家开通了抖音小店，但是并不知道怎么上传商品。抖音小店商品上传的具体操作步骤如下。

（1）登录抖店后台，选择"商品"下的"商品创建"选项，如图5-15所示；打开商品创建页面，首先选择商品类目（若不确定具体的类目信息，可通过搜索"关键词"进行商品类目的快速定位及选择），如图5-16所示。一定要选自有商品对应的类目，二级、三级类目都需要对应，如果不对应，审核不会通过。

（2）当类目选择完后，商家可开始填写商品基础信息，带星号的是必须填写的，按照要求填写即可。当选择品牌时，商家可通过检索的方式选择商品对应的品牌。图5-17所示为填写商品基础信息示例。

（3）"图文信息"页面如图5-18所示。主图和商品详情是用户了解商品信息的重要途径，务必填写完整。为保证用户在购买商品时拥有充分的知情权，便于用户全面地了解商品，商家应根据所销售的商品实际属性填写商品详情，并及时维护，保证商品详情真实、正确、有效。

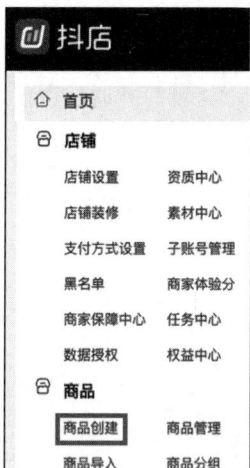

图5-15　选择"商品创建"选项

图5-16　选择商品类目

图5-17　填写商品基础信息示例

图5-18　"图文信息"页面

（4）在"价格库存"页面，首先选择发货模式，如图5-19所示。发货模式分为现货发货模式、全款预售发货模式、阶梯发货模式，系统默认选择现货发货模式。建议新手商家选择48小时发货。选择全款预售发货模式后，需要设置预售结束时间和发货时间。

（5）填写价格与库存信息，如图5-20所示。价格和库存的设置将影响商家的销量和交易额。

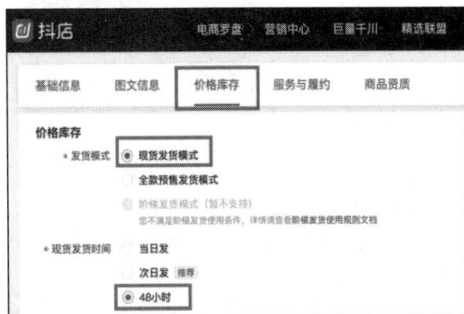

图5-19　选择发货模式

图5-20　填写价格与库存信息

（6）填写服务与履约信息，如图5-21所示。售后服务将根据所选类目自动匹配，如该类目商品须支持7天无理由退换货服务，则用户端将显示7天无理由退换货。

（7）如有特殊商品类目资质要求，则按照资质要求上传内容。图5-22所示为"商品资质"页面。

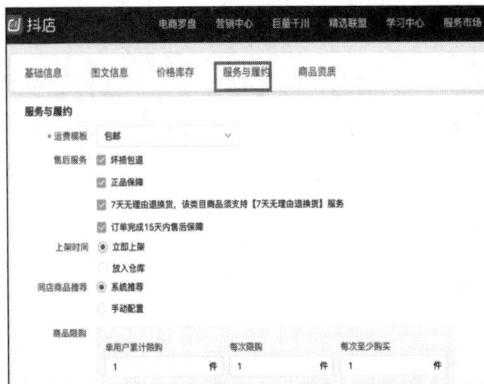

图5-21　填写服务与履约信息

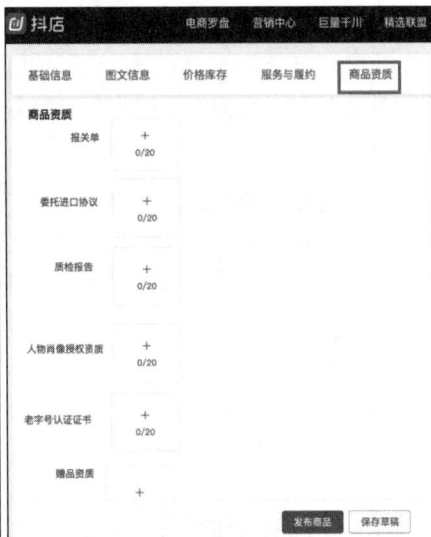

图5-22　"商品资质"页面

（8）所有信息设置好之后，商家就可以发布商品了，提交前请仔细检查各项内容填写的准确性与完整性。如果审核通过，商品就可被用户看到。

5.4 抖音直播引流

对于主播来说，直播的目的就是引流涨粉。粉丝越多，主播越有人气，才有可能获得更多流量与收益。

┌─────────────────────┐
│ ✎ **课堂讨论**
│   抖音直播引流有哪些常见的方式？
└─────────────────────┘

微课视频

抖音直播引流

5.4.1 直播引流短视频

直播引流短视频，顾名思义就是为给直播间引流而专门创作的短视频。不同于日常短视频的更新规则，直播引流短视频一般在直播前发布，以起到直播预告、通知开播的作用，可以让商家用较低的成本吸引更多的用户。

直播引流短视频需要具备以下要素，如图5-23所示。

1. 明确直播价值点

商家在直播引流短视频中应该明确表达直播价值点，让用户快速了解将开展的直播活动是做什么的。

2. 告知直播时间

直播引流短视频需要直接告知用户直

图5-23　直播引流短视频要素

播的具体时间，比如今天晚上8点或者某年某月某日晚上7点。这种形式可以给人真实的感觉。

3. 传递直播卖点

直播引流短视频需要传递直播核心卖点，其主题通常是宣传商品的卖点、性价比，以及观看直播的福利等。例如主播会在直播间抽奖，奖品有包、小玩具，这样可以激发用户的兴趣，使其定时进入直播间。

4. 提前发布

商家的直播预热应从几天前就开始，以便让用户先关注自己，然后商家应通过发布预热短视频等来慢慢地影响用户，从而让用户进入直播间。

5.4.2 抖音直播预告引流

通过操作便捷的直播预告贴纸工具，商家可以在发布短视频的同时，预告直播时间，将开播信息提前推送给更多有潜在看播兴趣的用户，从而提升看播量和流量转化效率。直播预告发布入口如下。

1.　发布短视频时添加贴纸

商家在抖音添加短视频，点击界面右侧的"贴纸"按钮，在打开的界面中选择"直播"贴纸，如图5-24所示。商家选择好开播时间，如图5-25所示，即可发布一条直播预告短视频，用户会在开播前收到对应的开播提醒。

2.　直播结束页发布预告

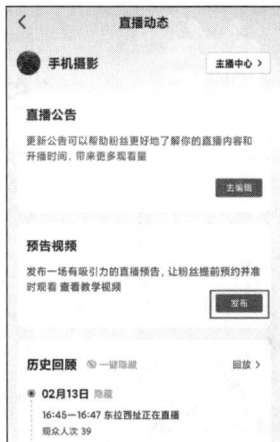

在每一场直播结束后的直播结束页，会展示如何发布直播预告，并告知上一次直播有多少用户看播，点击"直播预告"后的"发布"按钮（见图5-26）即可跳转至发布直播预告。

图5-24　选择"直播"贴纸　　　　　　图5-25　选择开播时间

3.　主播个人主页直播动态发布预告

主播进入抖音账号个人主页"直播动态"模块，点击"预告视频"后的"发布"按钮（见图5-27）即可前往发布直播预告。

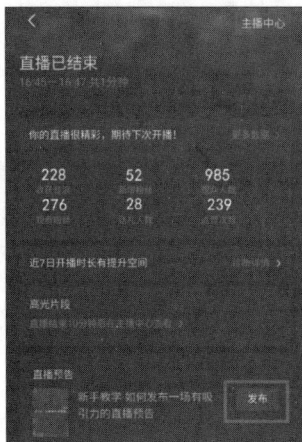

图5-26　直播结束页发布预告　　　图5-27　主播个人主页直播动态发布预告

5.4.3 抖音直播封面图的设置

在抖音直播平台上，用户看到一个直播，首先看到的就是该直播的封面图。对于直播运营者来说，直播封面图的设置尤为重要。设置抖音直播封面图的具体操作步骤如下。

（1）打开抖音App，点击导航栏的"+"按钮进入拍摄界面，然后点击"开直播"按钮，如图5-28所示。

（2）进入"开直播"界面，选择"视频""语音""手游"或"电脑"直播模式，点击"更换封面"按钮，如图5-29所示。

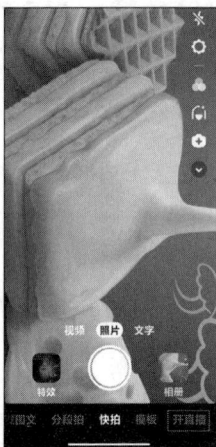

图5-28　点击"开直播"按钮　　　　图5-29　点击"更换封面"按钮

（3）在弹出的菜单中可以选择"从手机相册选择"和"拍照"两种方式，如图5-30所示，然后再选择需要设置为封面图的图片。

（4）裁剪封面图，确定封面图范围，如图5-31所示，点击"确定"按钮，即可更换直播封面图。图5-32所示为更改后的直播封面图。

图5-30　从手机相册选择　　　图5-31　确定封面图范围　　　图5-32　更改后的直播封面图

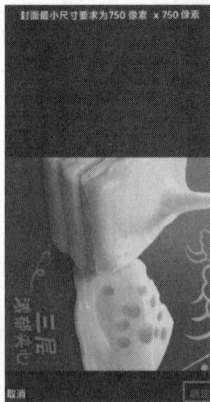

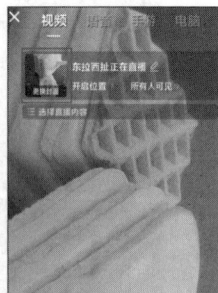

设置完成后，点击"开始视频直播"按钮即可。

5.4.4　直播标题的撰写

　　除了直播封面图的设置外，直播标题也是非常重要的，所以要想吸引更多的用户和流量，直播运营团队必须撰写出一个符合用户需求且能引起用户好奇心的标题。下面是直播标题撰写的原则，如图5-33所示。在遵守这些原则的基础上撰写标题，直播更容易热门。

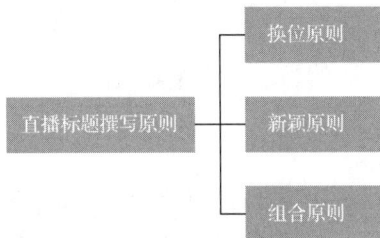

图5-33　直播标题撰写原则

1．换位原则

　　直播运营团队在拟定直播标题时，不能只站在自己的角度，还要站在用户的角度去思考。直播运营团队可以先将关键词输入搜索引擎中进行搜索，然后从排名靠前的文案中找出标题的规律，再将这些规律用于自己的直播标题中。

2．新颖原则

　　直播运营团队如果想要让直播标题形式新颖，可以采用下面的方法。

　　（1）直播标题写作要尽量使用问句，这样能引起人们的好奇心，比如"谁来'拯救'缺失的牙齿？"这样的标题会更容易吸引用户。

　　（2）直播运营团队要尽量将利益写出来。应该在标题中直接呈现直播能让用户获得的利益，从而增加标题对用户的吸引力。

3．组合原则

　　通过观察可以发现，能获得高流量的标题都是多个关键词的组合。这是因为只有一个关键词的标题，它的排名和影响力远不如有多个关键词的标题。例如，如果仅在标题中嵌入"包"这一个关键词，用户在搜索时，只有搜索"包"这一个关键词，直播才会被搜索出来；而标题中如果含有"包""女包""真皮"等多个关键词，则用户在搜索其中任意一个关键词时，直播都会被搜索出来，直播被发现的机会也就更多了。

5.4.5　群直播通知

群直播通知的功能是商家开播后系统自动抓取直播间信息，在商家粉丝群内进行开播提醒、热卖商品提醒、直播间权益提醒，将群成员引到商家直播间，进行成交转化。图5-34所示为群直播通知。

图5-34　群直播通知

设置群直播通知的具体操作步骤如下。

（1）进入抖店后台，选择"用户"—"用户运营"—"用户触达"—"群聊管理"—"群运营"—"直播通知"选项，单击"配置"按钮可以设置商家自定义的活动，如图5-35所示。

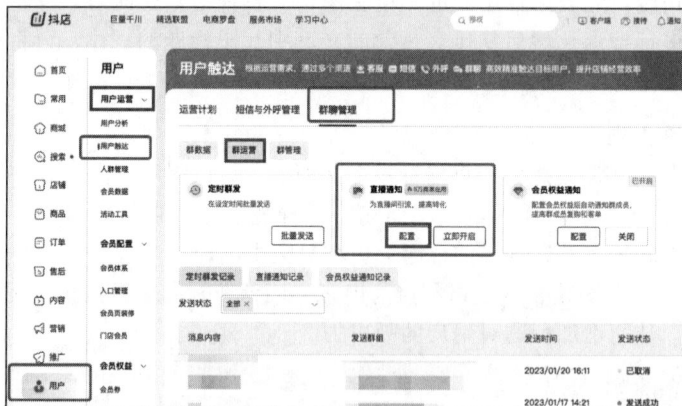

图5-35　选择直播通知

（2）可选择的配置项有"开播提醒""热卖商品提醒""直播间权益提醒"等，如图5-36所示。

图5-36　设置直播通知

开播提醒：除系统内置文案外，可支持自定义文案+上传图片。

热卖商品提醒：暂不支持自定义文案。

直播间权益提醒：可选择推送权益，暂不支持自定义文案。

5.5 抖音直播营销工具

使用抖音直播营销工具可以改善直播氛围，有效提高直播观看时长、转化率、客单价、增粉率等指标，获取更多流量。

✎ 课堂讨论

抖音直播常见的营销工具有哪些？

5.5.1　设置优惠券

优惠券是一种常见的营销工具。抖音直播间常见的优惠券类型如图5-37所示，可在不同场景下使用，并可支持商家实现涨粉、提升直播间转化率、提升客单价、拉新等不同诉求。优惠券可设置为"店铺券"和"指定商品券"。通常，一个订单最多只能用一张优惠券，系统自动选择优惠力度最大的券，用户可选择用或不用。

优惠券是商家通过提供价格优惠引导用户下单的营销玩法，同时优惠券可通过优惠利益促进商品曝光度、直播间人气和商品橱窗访问量的提升。图5-38所示为直播间的优惠券。

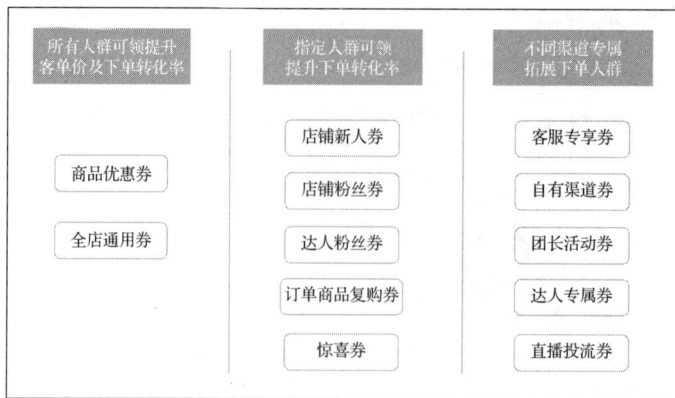

图5-37 抖音直播间常见的优惠券类型

图5-38 直播间的优惠券

进入抖店后台，选择"营销"—"营销工具"—"优惠券"—"新建优惠券"选项，可以看到官方推荐的优惠券信息，如图5-39所示。单击不同优惠券后的"立即新建"按钮，可以进行优惠券的设置。

图5-39 优惠券信息

5.5.2　创建超级福袋

　　超级福袋是抖音提供的帮助创作者实现有奖销售的营销互动工具，有助于实现抽奖流程规范化。抖音支持将抽奖活动展示在直播间购物车，符合创作者设定抽奖条件的用户可参与抽奖。用户中奖后，由该奖品所属的商家在抖店后台发货履约，从而实现抽奖流程的规范化。

　　用户进入直播间后，点击左上角的福袋即可看到奖品信息，如图5-40所示。

图5-40　超级福袋

　　超级福袋优势如下。

　　（1）无发放数量限制，发放灵活。

　　（2）前置配置，前置审核，直播过程中可一键发放。这有助于避免直播中福袋不过审，打乱直播节奏。

　　（3）抽奖小助手直接提醒中奖用户填写信息，解决需客服联系中奖用户等问题。

　　（4）发货履约环节与抖店订单打通，可以避免因忘发、漏发而违反平台规则。

　　（5）支持灵活设置福袋参与条件（评论、粉丝团等级、看播时长等），满足直播间多样化营销诉求。

> **知识窗**
>
> 　　超级福袋的适用范围如下。
> 　　（1）主播：仅人店一体状态的店铺自播账号可参与超级福袋活动。
> 　　（2）用户：在直播间参与互动并完成主播设置的中奖条件，即可在超级福袋活动开始时参与；中奖用户在48小时内输入收货地址即可完成兑奖。

　　进入抖店后台，选择"内容"—"直播营销"—"超级福袋"选项，符合使用条件的商家即可开通，如图5-41所示，并可设置超级福袋信息。

图5-41 设置超级福袋信息

5.5.3 创建赠品活动

赠品工具是抖音小店官方提供的营销工具，可以将送赠品的活动形式线上化、标准化。用户在直播间商品列表及整个购买路径上，都可清楚看到活动商品赠品标志。商家清晰展示赠品信息，可有效提升商品吸引力，促成成交。图5-42所示为赠品活动。

图5-42 赠品活动

赠品促销是常用的促销方式，即把商品作为礼物赠送给用户，以一种实物的方式给用户优惠。合适的赠品不但会促进用户快速下单，还能够提升商家口碑、促进直播间互动。

使用赠品促销的技巧如下。

（1）不要选择劣质品作为赠品，否则只会起到反作用。赠品也须重质量，体现商家的诚信。

（2）赠品应具有额外价值，得到用户的认可。赠品的核心是让目标用户认为物有所值。但为了控制成本，赠品的价格也不能太高。

（3）注意赠品的时间性和空间性。商家应该认真思考，根据用户的需要来选择赠品，只有用户需要，赠品才有吸引力。例如，不要在夏天送冬天才能用的赠品。

进入抖店后台，选择"营销"—"营销工具"—"更多营销工具"—"赠品活动"选项，单击"立即新建"按钮，如图5-43所示，即可进入赠品活动创建页面。

图5-43　赠品活动创建

📖 **素养提升**

赠品必须保证质量

《流通领域商品质量监督管理办法》第十四条规定："奖品、赠品等视同销售的商品，应当符合本办法第八条至第十三条规定。"因此，商家赠送的商品必须确保品质可靠、质量过关。

商家要诚信经营，全力营造安全、有序的消费环境及公平、诚信的社会环境。当赠品出现问题时，商家应承担责任。商家在商品促销活动中，不但要保证商品的质量，也要保证赠品的质量。只有这样，促销活动才能真正达到目的。

5.5.4　创建拼团活动

商家设置拼团活动后，用户可以以优惠价格下单支付，并通过自身分享帮助商家传播，商品总体售卖件数达成要求即可成团。拼团活动在让利的同时，吸引用户将商品主动推荐给身边的人一起购买，达到薄利多销的效果，让用户感觉很实惠。图5-44所示为拼团活动。

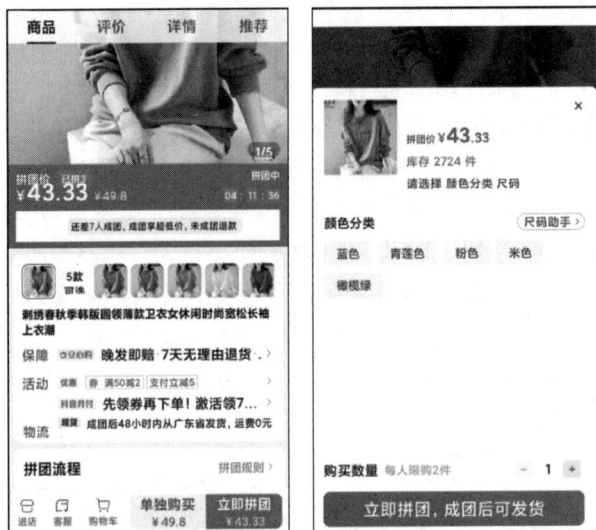

图5-44　拼团活动

商家可使用拼团工具为商品设置拼团活动，所有符合拼团活动规则的商品均可使用。对于拼团成功的订单，商家需在承诺发货时间内完成发货。售卖件数未达成拼团件数要求则拼团失败，系统自动退款给参与拼团的用户。

与传统电商购物模式相比，拼团的模式不仅满足了用户的消费心理，同时还能帮助商家在短时间内获得巨大的曝光度。在抖店后台，选择"营销"—"营销工具"—"更多营销工具"—"拼团"选项，如图5-45所示。

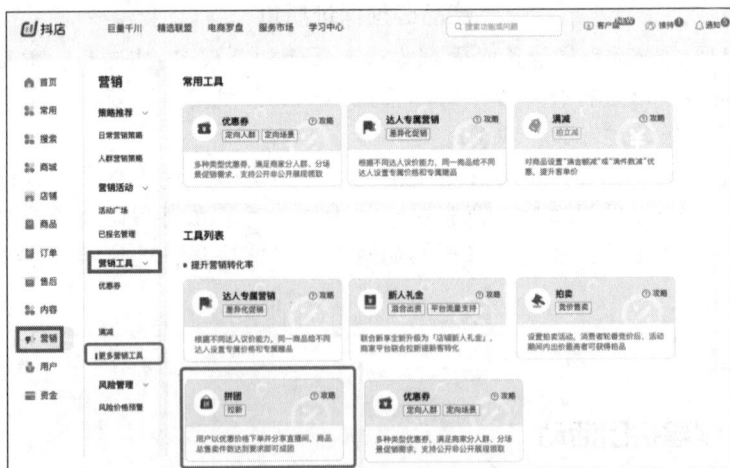

图5-45　选择拼团

若不满足报名要求，会出现图5-46所示的提示。

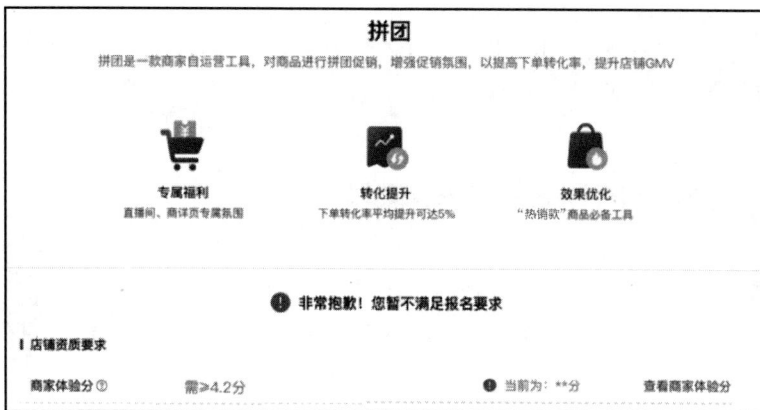

图5-46 不满足报名要求的提示

在拼团活动中可以设置如下信息，如图5-47所示。

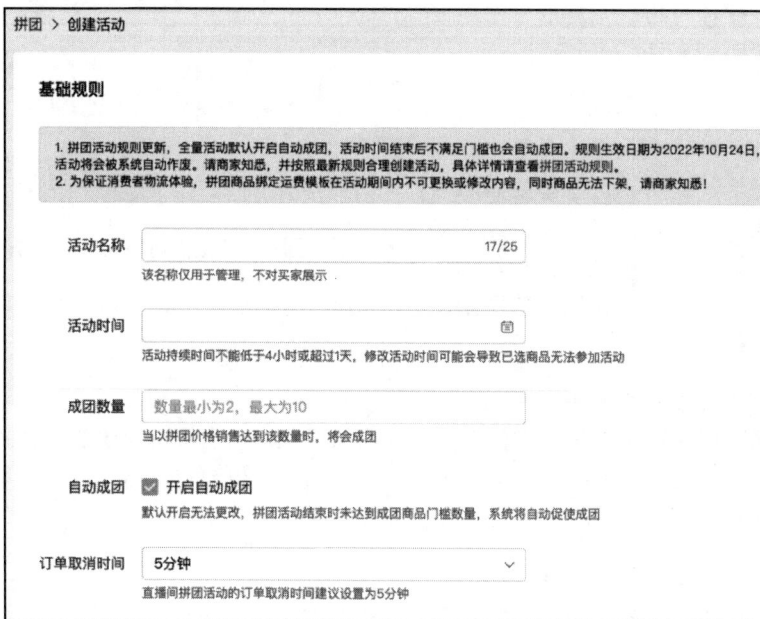

图5-47 设置拼团活动信息

（1）活动名称：可输入1～5个中文字符。

（2）活动时间：填写拼团的开始和结束时间，活动持续时间不能低于4小时或超过1天，修改活动时间可能会导致已选商品无法参加活动。

（3）成团数量：最小为2，最大为10。当以拼团价格销售达到该数量时，将会成团。

（4）自动成团：默认开启自动成团且无法更改，所有拼团活动都将自动成团，活动时间结束后不满足门槛也会自动成团。

（5）订单取消时间：用户提交订单后，如果持续未支付，订单自动取消的时间；建议设置为5分钟。

5.6 抖音直播粉丝运营和维护

微课视频

抖音直播
粉丝运营和
维护

主播不仅要把粉丝引流至直播间，还要学会运营和维护粉丝。运营和维护好已有的粉丝，增强粉丝的凝聚力和忠诚度，这对主播来说是取得成功的关键。

5.6.1 主播与粉丝互动方法

主播想提升人气，就要学会与粉丝互动。主播与粉丝互动的方法主要有以下几种，如图5-48所示。

图5-48 主播与粉丝互动方法

1. 主动欢迎粉丝

有的粉丝喜欢主播，会与主播搭讪。面对粉丝的搭讪，主播要表示欢迎。例如主播可以说"欢迎大家来到××直播间"。主播应某位粉丝的要求唱歌时，可以说"下面这首歌曲送给××及所有的朋友"，以这种方法来照顾直播间中所有的粉丝。

2. 通过语言吸引粉丝

主播可以通过个性化的语言来打造鲜明的形象，从而吸引粉丝的关注。一些个性化的语言可以成为主播的标志，让粉丝一听到就会想起某主播，或者在看某位主播的视频和直播时，期待其标志性话语的出现。

3. 互关有效增强粉丝黏性

如果粉丝喜欢某个账号发布的内容，就可能关注，以方便日后查看。虽然关注只是粉丝表达对主播喜爱的一种方式，但大部分粉丝不会要求主播进行互关。如果粉丝关注了主播之后，主播也关注了他，那么粉丝就会觉得自己得到了重视。在这种情况下，那些与主播互关的粉丝就会愿意持续关注主播的账号，粉丝的黏性自然也就大大增强了。

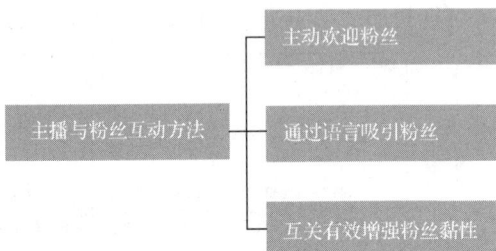

5.6.2 引导粉丝情绪

主播需要通过引导粉丝情绪加深自己与粉丝之间的情感连接，提高粉丝对自己

的忠诚度。那么，如何引导粉丝的情绪
呢？主播可以从以下三个方面着手，如
图5-49所示。

1.了解粉丝的需求

主播必须重视粉丝的需求，充分了
解粉丝对商品及直播内容的意见。这不
仅有利于引导粉丝的情绪，还有利于为
主播树立负责任的形象。

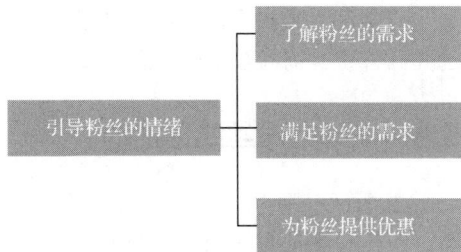

图5-49　引导粉丝的情绪

2.满足粉丝的需求

了解了粉丝的需求后，主播还要设法满足粉丝的需求。主播可以多关心粉丝对
商品的意见、想要什么商品、有无售后问题。例如，当粉丝对主播的售后服务提出
意见，表示主播不完善的售后服务影响了其购物体验时，主播就需要根据粉丝的需
求完善售后服务并及时给予反馈，以此引导粉丝的情绪。

3.为粉丝提供优惠

为粉丝提供优惠是主播引导粉丝情绪的有效手段。这不仅可以缓解粉丝对主播
的不良情绪，还能够激发粉丝的购物热情。

> **小提示**
>
> 主播能否获得更多粉丝的关注，能否更好地留存粉丝，在很大程度上取
> 决于主播是否正确引导了粉丝的情绪。有了大量忠诚粉丝的支持，主播的个
> 人品牌才能够真正建立起来。

5.6.3　耐心回答粉丝问题

主播在直播时要多与粉丝进行互动，而回答粉丝提出的问题就是主播与粉丝进
行有效互动的方法。因此，主播在直播的过程中要多看评论，有耐心、有重点地回
答粉丝的问题，解决粉丝的疑问，疑问得到解答之后，粉丝的购买欲望自然会更强
烈，产品的销量自然得到提高。

主播应该尽可能地在第一时间回复粉丝的评论，这主要有两个方面的好处。一
是快速回复粉丝能够让粉丝感觉到主播很重视他，这样自然能增加粉丝对主播以及
运营账号的好感；二是回复评论能够从一定程度上增加直播的热度，让更多粉丝看
到直播。

在主播直播的过程中，粉丝会不时地询问一些他们没有听明白的问题，如商品
的细节、直播间的优惠活动等。而粉丝进直播间的时间并不统一，主播已经回答了
一位粉丝关于商品的某个问题，不久后刚刚进入直播间的粉丝可能会询问同样的问
题。这样的情况经常发生，因此主播需要时刻对粉丝保持耐心，可以将粉丝关心的
问题进行统一回答。

直播间人数过多时主播很难及时看到每一位粉丝的提问，这时就要有重点地挑选并回答粉丝询问较多的问题。

5.6.4 举办粉丝线下活动

主播可以举办一些关于直播的线下活动，把粉丝聚集在一起，加深自己和粉丝、粉丝和粉丝之间的情感交流，面对面地了解粉丝的想法。这有利于主播维护粉丝、优化直播内容，也可以拉近主播与粉丝的距离。

主播组织粉丝线下活动的方法如图5-50所示。

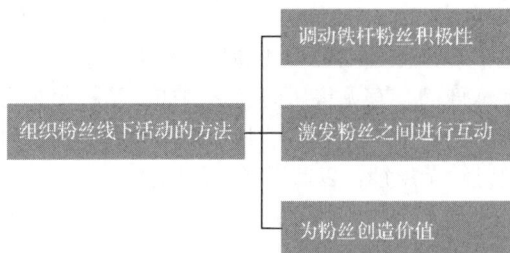

图5-50　组织粉丝线下活动的方法

1. 调动铁杆粉丝积极性

铁杆粉丝虽然数量较少，但是他们能够为主播创造较大的效益。主播在组织线下活动时要优先调动铁杆粉丝的积极性，这样才能够把社群里的粉丝凝聚起来。在调动铁杆粉丝的积极性时，主播可以给予一定的奖励，例如，为其提供更多购物优惠等。

2. 激发粉丝之间进行互动

粉丝之间的关系本来就属于弱连接，粉丝之间也只是知道彼此的网名以及一些兴趣爱好等，对于彼此的真实姓名、外貌以及现实生活中的习惯完全不了解。因此，为了让粉丝进行良好的互动，主播需要根据粉丝的兴趣爱好设计一些小活动、小游戏，使粉丝之间尽快熟悉起来。

3. 为粉丝创造价值

举办线下活动时，主播要关心粉丝、倾听粉丝的声音、挖掘粉丝的痛点与需求，为他们创造价值。主播需要在线下活动中发放礼品或优惠券，让粉丝得到实实在在的福利，促使粉丝更加活跃。

5.7 抖音直播数据分析

抖音电商罗盘是抖音官方推出的数据分析产品，旨在为商家、达人和MCN机构提供数据诊断服务，支持其经营决策，以数据引领其生意增长。其数据分析范围覆盖了首页分析、直播分析、短视频分析、营销分析、店铺分析、达人分析、商品分析、人群分析、服务分析等。

使用抖音电商罗盘进行数据分析的具体操作如下。

（1）实时概览今日成交概况。通过"抖音电商罗盘"—"首页"—"实时概览"路径可以查看实时概览数据，对比今日与昨日成交趋势，了解今日成交表现是否存在异常，如图5-51所示。

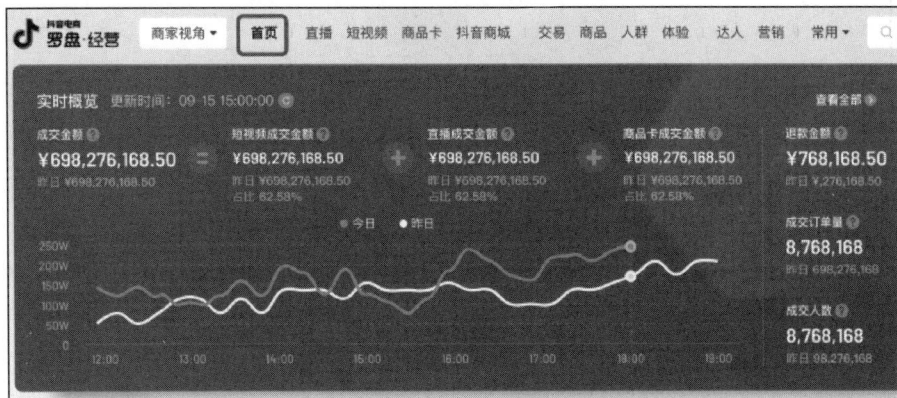

图5-51　实时概览

（2）查看自营与合作成交金额占比变化。通过"抖音电商罗盘"—"首页"—"经营概览"路径可以进行成交金额渠道分析。将不同日期自营与合作成交金额占比情况进行对比，判断自营与合作的能力变化是否和店铺的经营策略相符，如图5-52所示。

图5-52　自营与合作成交金额占比

（3）成交分析可多视角拆解店铺成交金额，识别生意增量价值及贡献。通过"抖音电商罗盘"—"交易"—"成交分析"路径可以进行成交分析。成交分析支持自定义筛选时间，查看和下载过去一年数据。在成交概览中支持灵活配置指标，包括成交金额、退款金额、成交订单数、成交人数、千次曝光成交金额，如图5-53所示。

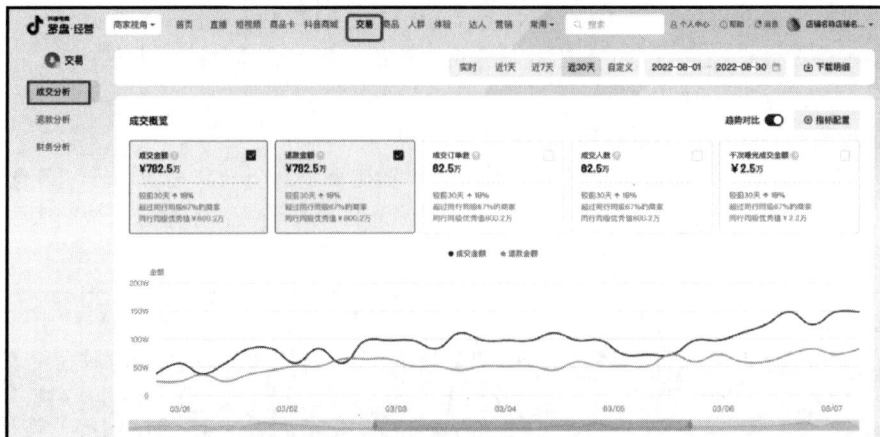

图5-53　成交分析

（4）通过"抖音电商罗盘"—"直播"—"直播复盘"路径可以进行直播复盘分析，展示数据包括成交金额、直播时长、单位小时曝光次数、曝光-观看率（次数）、千次观看成交金额，以及较上周期环比、较同行同层优秀值环比变化等，如图5-54所示。

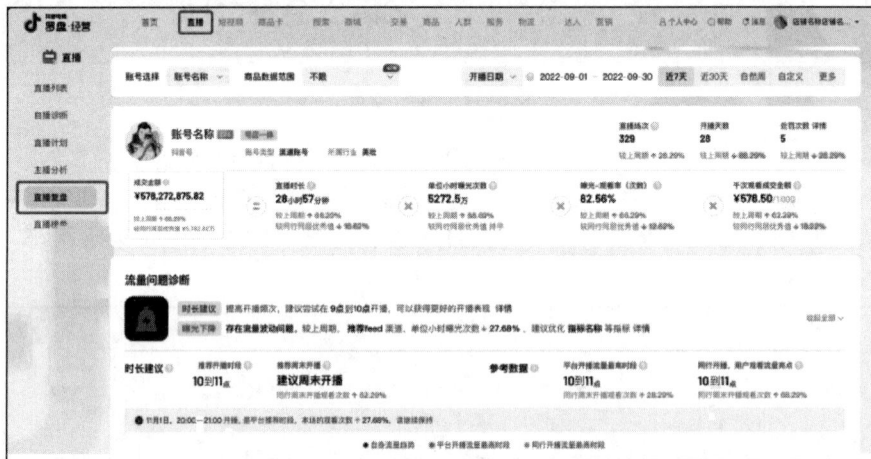

图5-54　直播复盘

课堂实训

课堂实训一：投放DOU+

如果抖音直播间的人气不高，主播可以付费使用DOU+功能。使用该功能可以助力直播间上热门，提高直播商品的曝光率。使用该功能时，主播既可以选择在开播前投放预热视频，也可以选择在直播过程中根据实时数据进行定向投放。

如果在开播前投放，则点击直播界面中的"上热门"选项，如图5-55所示。在打开的"DOU+直播上热门"界面中选择下单金额、加热方式、预估带来观众数等，支付对应金额之后即可开始投放。图5-56所示为付费设置。

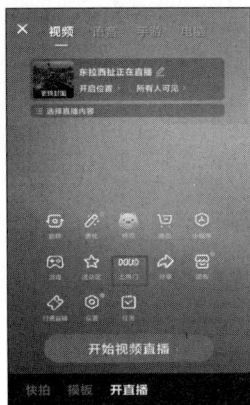

图5-55　点击"上热门"选项　　　　图5-56　付费设置

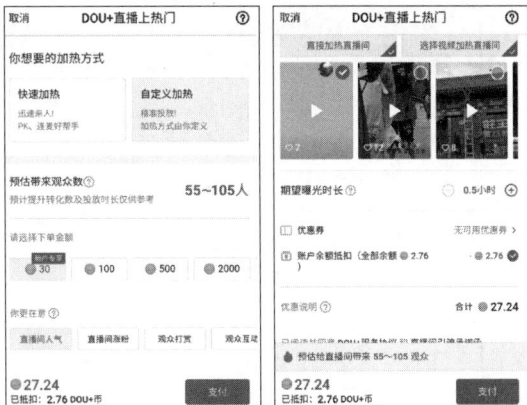

如果在直播过程中投放，则点击直播界面右下角的"…"按钮，选择"DOU+直播上热门"选项，然后支付对应金额即可投放。

课堂实训二：建立粉丝群

创建抖音粉丝群的具体操作步骤如下。

（1）打开抖音App中的"我"界面，点击右上角的"☰"按钮，如图5-57所示。

（2）选择"抖音创作者中心"选项，如图5-58所示。

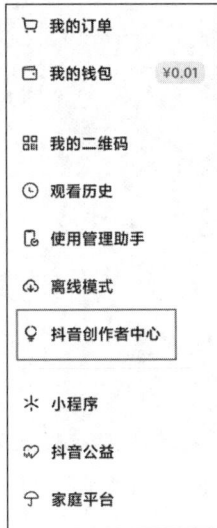

图5-57　点击"☰"按钮　　　　图5-58　选择"抖音创作者中心"选项

（3）在打开的界面点击"全部"按钮，如图5-59所示；打开图5-60所示的界面，点击"主播中心"按钮。

图5-59　点击"全部"按钮　　　　图5-60　点击"主播中心"按钮

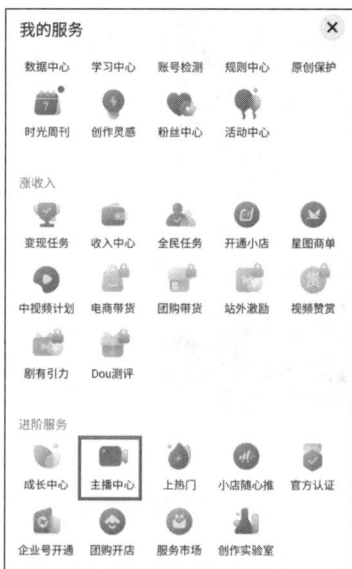

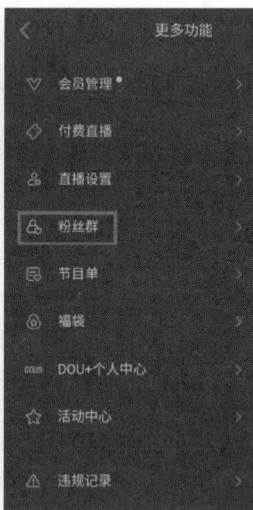

（4）进入"主播中心"界面，点击"更多功能"按钮，如图5-61所示；选择"粉丝群"选项，如图5-62所示。进入"粉丝群管理"界面，点击"立刻创建粉丝群"按钮，如图5-63所示，即可创建粉丝群。

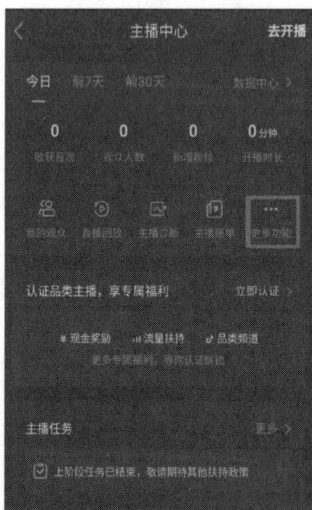

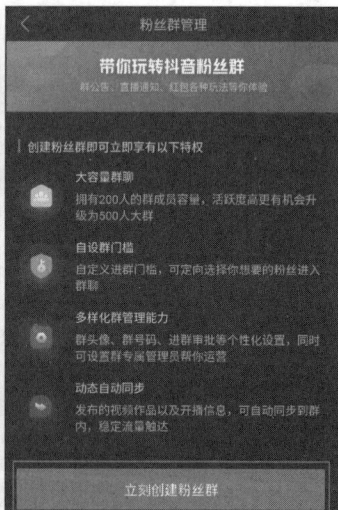

图5-61　点击"更多功能"　　图5-62　选择"粉丝群"　　图5-63　点击"立刻创建
　　　　　　按钮　　　　　　　　　　选项　　　　　　　　　　粉丝群"按钮

本章自测题

一、填空题

1. 抖音是个娱乐性较强的社交平台，集合了＿＿＿＿＿和＿＿＿＿等功能，自带流量优势。

2. 抖音推荐算法是＿＿＿＿＿的，让每个短视频都有机会火爆。

3. ＿＿＿＿＿是商家的店铺运营阵地，支持商品管理、交易履约、售前售后服务等功能。

4. ＿＿＿＿＿是抖音提供的帮助创作者实现有奖销售的营销互动工具，有助于实现抽奖流程规范化。

5. 主播需要通过＿＿＿＿＿加深自己与粉丝之间的情感连接，提高粉丝对自己的忠诚度。

二、选择题

1. （　）是指抖音会给新视频分发一定的推荐量。当视频的转发量超过一定的数量时，系统就会自动判断出这个视频是受欢迎的，并自动对该视频进行加权。

　　A．叠加推荐　　　　　B．流量池　　　　　C．热度加权

2. （　）是指以商标权利人提供普通授权的品牌入驻平台开设的企业店铺，经营1个及以上品牌。

　　A．专营店　　　　　B．企业店　　　　　C．专卖店

3. （　）可降低商品的价格，是一种常见的营销工具。

　　A．群直播　　　　　B．超级福袋　　　　　C．优惠券

4. （　）是抖音小店官方提供的营销工具，可以将送赠品的活动形式线上化、标准化。

　　A．赠品工具　　　　　B．拼团活动　　　　　C．抽奖活动

三、简答题

1. 抖音平台有什么特点？
2. 抖音直播怎么开通？
3. 入驻抖音小店需要满足什么条件？
4. 入驻抖音小店有哪些步骤？
5. 抖音直播粉丝如何运营和维护？

任务实训——抖音直播引流推广

为了更好地理解抖音直播引流的概念并掌握相关的基础知识，我们将进行下述实训。

一、实训目标

1. 掌握合适的直播预热引流时机。
2. 掌握常见的抖音直播引流渠道。

3．掌握抖音直播营销工具。

二、实训内容

在抖音直播，选择合适的直播预热引流时机、直播引流渠道和直播中的引流策略。

1．选择合适的直播预热引流时机，分析直播间用户活跃时间分布，找到人气峰值。

2．多渠道宣传能够让更多用户了解直播信息。可以通过直播引流短视频、直播预告引流、直播封面图的设置、撰写直播标题、群直播通知等渠道引流。

3．利用设置优惠券、创建超级福袋、创建赠品活动、创建拼团活动等为直播引流。

三、实训要求

1．开通抖音直播。

2．要有完整的引流策略，包括直播脚本中的各项促销内容，如超级福袋、赠品活动、发放优惠券策略。

3．根据直播引流过程中存在的问题，提出针对性的建议，以优化直播引流的效果。

第6章

小红书直播

为了鼓励更多的用户在平台上分享自己的生活方式，小红书做出了巨大的努力。小红书作为中间人，搭建起一座品牌和用户合作的桥梁，让平台上的用户在分享自己生活方式的同时获得一定的收益。本章主要包括小红书平台认知、小红书开店、小红书商品发布、打造优质商品笔记、小红书账号涨粉逻辑、主播自我经营、小红书变现方式等内容。

【教学目标】

知识目标	☑ 熟悉小红书平台
	☑ 熟悉主播自我经营方法
	☑ 熟悉商品发布的规范
技能目标	☑ 掌握小红书开店方法
	☑ 掌握小红书商品发布方法
	☑ 掌握优质商品笔记的打造方法
	☑ 掌握小红书账号涨粉逻辑
素养目标	☑ 具备直播变现的能力
	☑ 培养守法诚信、合规经营的价值观

6.1 小红书平台认知

作为一个社区分享式的线上购物平台，小红书凭借真实化、多元化的社区氛围，在如今层出不穷的电商平台中杀出重围，以独树一帜的"社区种草""社区购物""社区反馈"的线上交易闭环吸引了大量用户和商家入驻。

微课视频

小红书平台
认知

6.1.1　小红书平台优势

　　小红书能在一众与用户有着高黏度的直播平台中脱颖而出，主要原因在于其强大的优势，如图6-1所示。

1. 转化率和复购率高

　　小红书直播间呈现转化率高、复购率高、退货率低等特征。小红书拥有用户基础群体黏性，商业发展快速。

2. 用户年轻化、基数大

　　截至2022年，小红书累计用户数已经达到4.5亿，用户以年轻人为主。年轻人的思想比较超前，易于接受新事物，消费欲望强烈。

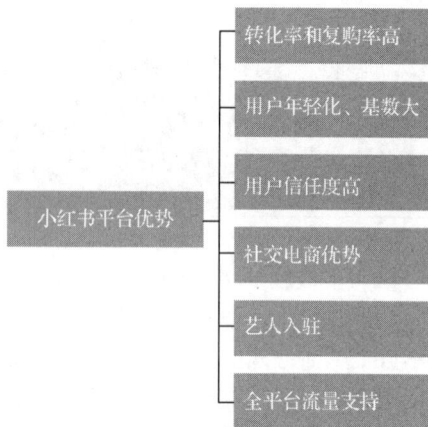

图6-1　小红书平台优势

3. 用户信任度高

　　小红书直播是分享型的直播，通过分享真人使用商品的效果，有助于增加用户的信任度，从而提高转化率。互动分享是当前小红书直播最重要的功能之一。小红书直播间是主播的会客厅，主播不是单纯"带货"，而是把自己认为好的生活方式分享给自己的粉丝，双方进行的是一种好友式的互动。

4. 社交电商优势

　　小红书平台互动性很强，用户可以通过发布视频与图片、关注发布者等方式与他人进行交流，用户之间的黏性很强，关联度很高。小红书通过好友推荐或平台"种草"，增强用户对商品的信任，利于商品成交。小红书正是通过社交方式引流用户到商城，实现社交电商的。

5. 艺人入驻

　　小红书平台除了广大的普通用户入驻，还有一群艺人入驻，吸引其粉丝加入小红书平台，故而增大了平台的用户量。除此之外，艺人还给小红书带来了流量以及话题，增大了小红书的知名度以及美誉度。

6. 全平台流量支持

　　小红书平台为每一个主播提供全平台的流量支持，会给带活动话题的笔记创造更多的曝光量。同时，小红书有强大的团队帮助主播制定各阶段精细化的内容成长计划，并对其进行全面的培训指导，帮助其在直播行业中走得更远。

6.1.2 小红书平台推荐机制

小红书平台的算法机制包括两个方面：推荐机制和账号权重机制。与其他直播平台有所不同的是，小红书在对内容进行推荐之前有一个额外的环节——收录。只有被小红书平台成功收录的笔记才有可能获得推荐，反之则是无法进入推荐环节的。

小红书平台推荐机制包括以下几个方面，如图6-2所示。

（1）用户画像：小红书会根据用户的性别、年龄、地域等基本信息，以及用户的浏览、点赞、收藏、评论、分享等行为数据，建立用户画像，以更好地了解用户的兴趣和偏好。

（2）推荐算法：小红书采用多种推荐算法，如协同过滤、内容相似度、用户行为预测等，来分析用户行为数据，进而推荐与用户兴趣相关的内容。

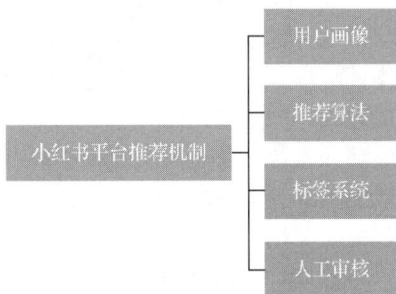

图6-2 小红书平台推荐机制

（3）标签系统：小红书对内容进行了全面的标签化，包括用户标签、商品标签、主题标签等，通过标签系统来实现内容的分类和推荐。

（4）人工审核：小红书还配备了专业的运营和编辑团队，对内容进行人工审核和筛选，以保证内容的质量和合规性。

知识窗

笔记被小红书平台收录之后就正式进入推荐环节。平台首先将笔记推送给少部分用户，根据这部分用户的反馈再决定下一步的推送行为。平台在对一篇笔记进行推荐时，最初会给予这篇笔记200次左右的曝光量，然后通过笔记的点击率、点赞量、评论量、收藏量等数据来对笔记进行评估。如果这些数据反馈较好，平台就会将这篇笔记推送进下一个更大的流量池，否则平台就会停止对这篇笔记的推荐。

6.1.3 小红书平台账号权重机制

小红书平台对权重较高的账号会给予更多的流量扶持，而且会认定权重较高的账号创作的笔记内容质量较高，会给予更多的推荐，帮助笔记获得更多的曝光量。因此，运营者想要账号获得更多的流量和曝光量，就要想办法提升自己账号的权重。

小红书账号的权重不是由单一指标构成的，它是由很多因素综合评估得到的，比如账号注册时间、账号等级、账号粉丝数量、账号笔记数量、账号笔记点赞/收藏/

评论等数量，以及笔记内容的原创度、账号活跃度等。除此之外，平台对艺人号、达人号、与品牌合作的账号，以及与MCN机构签约的账号，会给予额外的加权力度。

提升小红书账号权重，以下几点是需要格外注意的，如图6-3所示。

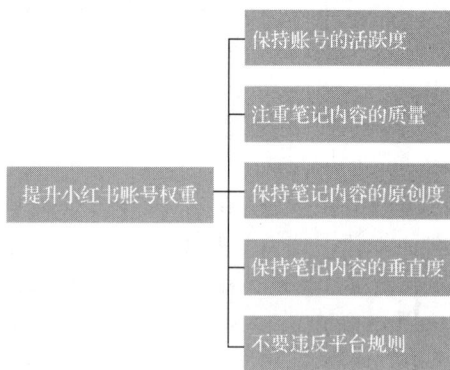

图6-3　提升小红书账号权重

1. 保持账号的活跃度

账号的活跃度是平台评判一个账号基本的标准。账号的活跃度通常体现在登录的时长，浏览笔记的时长，点赞、评论、收藏的次数，发布笔记的频次等方面。一般来说，这些数据越好，账号权重也会越高。

因此，运营者想要提升账号的权重，除了发布笔记，还应保证账号的登录时长和浏览状态。同时在空闲时间，运营者应尽可能多浏览平台上的笔记，最好是和自己所生产内容相关的笔记。而且在浏览这些笔记的过程中，运营者还应保持适当的点赞、评论、收藏频率，多方面提升账号的活跃度。

2. 注重笔记内容的质量

笔记的内容质量是影响小红书账号权重的重要因素。用户流量正在跟着优质内容走，只有内容优质，才能掌握流量的主动权。任何内容社区都必须要保证自己能够持续提供优质内容，因为只有这样，才能够吸引、留住更多的用户。要想吸引更多的关注，运营者创作出优质内容是关键。

3. 保持笔记内容的原创度

原创度是小红书笔记整体的原创度，包括图片、正文部分。一篇小红书笔记的原创度越高，内容越丰富真实，小红书账号的权重也就会越高。

4. 保持笔记内容的垂直度

保持笔记内容的垂直度，简单来说，是专注于更新某一个领域的内容，除此之外，笔记封面、头像等也尽可能地保持一致。如果内容垂直度不高，那么系统无法精准推送账号，只能靠笔记携带的话题进行推送，这样账号的流量就会少很多。如果你是穿搭博主，就只发穿搭内容的笔记，如果今天发穿搭内容，明天发旅游内容，后天发美妆内容，那平台不会给笔记分配很高的推荐量。

5. 不要违反平台规则

如果笔记内容、个人简介以及评论等违反平台规则，账号权重会降低，笔记推送等会受到影响。对于小红书平台上的运营者来说，想要通过运营小红书账号达到自己的目的，就应该严格遵守平台规则，不要触犯红线，否则就会受到惩罚，如降权、限流或封号。

6.2　小红书开店

目前小红书对开店商家提供流量、店铺运营方面的支持。商家开店成功之后，在笔记中添加商品链接，商品笔记将会获得小红书平台的流量扶持，还能获得直播流量扶持。

✎ **课堂讨论**

小红书平台的店铺类型有哪些?

6.2.1　小红书店铺类型

目前，小红书店铺类型包括个人店、个体工商户店、普通企业店、专卖店、旗舰店，如图6-4所示。其中，个人店申请主体应为个人，个体工商户店申请主体应为个体工商户，普通企业店、专卖店、旗舰店申请主体应为企业。

（1）个人店：限定为经营零星小额交易的单/多个品牌的店。

（2）个体工商户店：限定为经营单/多个品牌的店。

（3）普通企业店：限定为经营单/多个品牌的店。

（4）专卖店：以商标权人提供普通授权（最多三级）的非自有品牌入驻小红书开设的店铺；限定为经营单个品牌的专卖店。

（5）旗舰店：以自有品牌或由商标权人提供独家授权的品牌入驻小红书开设的店铺；限定为经营单个品牌的旗舰店。

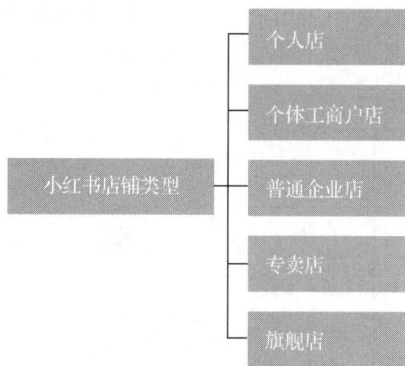

图6-4　小红书店铺类型

6.2.2　开通小红书店铺

开通小红书店铺具体操作步骤如下。

（1）打开小红书App，点击右下方"我"按钮，如图6-5所示，点击左上方的"☰"按钮。

（2）在打开的界面中选择"创作中心"选项，如图6-6所示。

（3）在打开的界面中点击"更多服务"按钮，如图6-7所示。

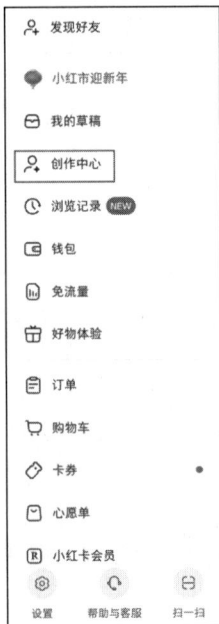

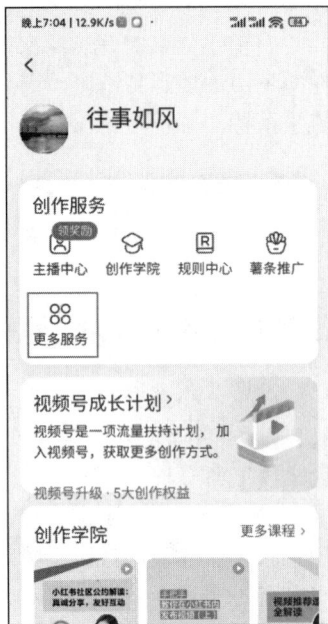

图6-5　点击"☰"按钮　图6-6　选择"创作中心"选项　图6-7　点击"更多服务"按钮

（4）打开"更多服务"界面，点击"内容变现"下的"开通店铺"按钮，如图6-8所示。

（5）在打开的界面中点击"立即开店"按钮，如图6-9所示。

（6）在打开的"店铺申请"界面中，选择店铺类型"个人店"，如图6-10所示，点击"下一步"按钮。

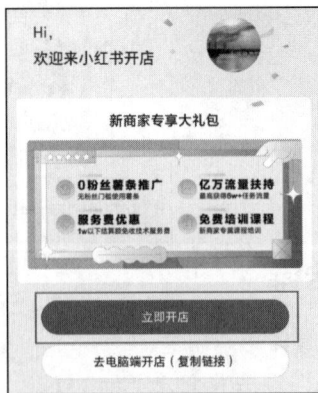

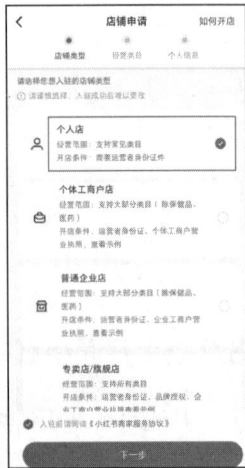

图6-8　点击"开通店铺"按钮　图6-9　点击"立即开店"按钮　图6-10　选择店铺类型

（7）在"经营类目"界面中选择"普通商品"，如图6-11所示，点击"下一步"按钮。

（8）在"个人信息"界面中填写个人信息，如图6-12所示。填写完成后提交信息，验证审核通过之后，就可以入驻了。

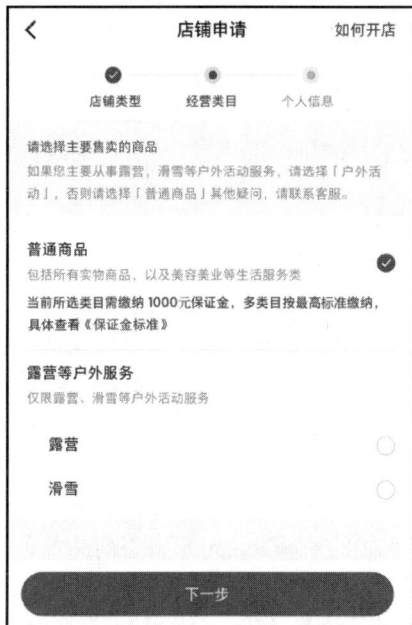

图6-11　选择经营类目

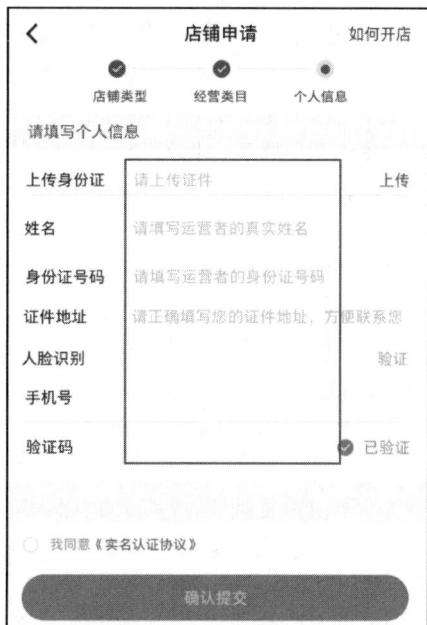

图6-12　填写个人信息

6.3　小红书商品发布

商家在小红书平台申请开通店铺后，就可以在小红书店铺发布商品了。本节介绍商品发布的规范和商品发布的流程。

6.3.1　商品发布的规范

为了商家能够规范地发布商品，小红书特别拟定了相关的规范，帮助商家更快、更好地发布商品有关信息。商家应当按照小红书系统设置的流程和要求发布商品，部分高违规风险的商品通过审核后方可展示。

商家发布商品，应当严格遵守以下基本要求。

（1）商家应当对商品做出完整、一致、真实的描述。

① 完整性：为保证消费者更全面地了解商品，购买商品时拥有

微课视频

商品发布的规范

充分知情权，商家应在发布商品时完整明示商品的主要信息，包括但不限于：商品本身（基本属性、规格、保质期、瑕疵等）、品牌、外包装、发货情况、交易附带物等。

② 一致性：商品的描述信息在商品页面各板块（如商品标题、主图、属性、详情描述等）中应保证要素一致性。

③ 真实性：商家应根据所售商品的属性如实描述商品信息，并及时维护更新，保证商品信息真实、正确、有效；不得夸大、过度、虚假承诺商品效果等。

（2）商家应保证其出售的商品在合理期限内可以正常使用，包括商品不存在危及人身财产安全的不合理危险、具备商品应当具备的使用性能、符合商品或其包装上注明采用的标准等。

（3）不得发布违反法律法规、协议或规则的商品信息。

（4）不得发布侵害平台及第三方合法权益（如商标权、著作权、专利权等）、易造成消费者混淆、使消费者误以为是其他品牌的商品或信息。

（5）不得以商品信息描述或实物包裹等方式发布或推送含有易导致交易风险的第三方商品或信息，第三方信息包括但不限于社交、导购、团购、促销、购物平台等第三方网站或客户端的名称、Logo、二维码、超链接、联系方式、银行账号等信息。

（6）不得重复铺货，即店铺中不得同时出售两件以上同款或极其近似的商品。

（7）商家应当根据所售商品，逐级选择正确的商品类目，不得将商品发布在与实际商品品类不一致的类目下。

（8）商品标题可包含商品品牌、商品品名、基本属性（材质/功能/特征）和规格参数（型号/颜色/尺寸/用途/货号）等，不应包含无关品牌及无关信息。

（9）商家应根据系统提示和要求上传商品的主图、详情图等。图片应突出商品主体，清晰美观，不失真。

（10）商家应按照商品实际情况，描述商品类型为全新或二手、预售、现货、拍卖、一口价等。

（11）商家发布商品价格，应遵守《小红书商品价格管理规范》。

6.3.2 商品发布的流程

商家可以通过移动版小红书商家后台，随时随地快捷处理店铺事务，在手机上完成商品的发布、上下架、修改价格，订单的管理和售后处理等操作。下面介绍商品的发布流程，具体操作步骤如下。

（1）登录小红书App，进入移动版小红书商家后台管理界面，点击"发布商品"按钮，如图6-13所示。

（2）进入"发布商品"界面，按要求填写商品详细信息，包括商品标题、商品主图、商品视频、商品类目、商品规格、售价等，如图6-14所示，最后点击"提交"按钮，商品发布即可完成。

图6-13　点击"发布商品"按钮　　　　图6-14　填写商品详细信息

6.4　打造优质商品笔记

在小红书平台上，运营者通过图文或视频的方式记录、分享自己的生活，并在这个过程中吸引用户，同时把这些用户转化为消费者，帮助自己实现变现。内容做得越好，吸引到的用户越多、越忠诚，运营者实现变现的可能性也就越大。运营小红书账号的核心就是持续创作优质的商品笔记。

✎ 课堂讨论

小红书商品笔记的关键要素有哪些？

6.4.1　商品笔记的关键要素

小红书商品笔记的关键要素，包括图片、标题、正文文案、话题、发布时间，如图6-15所示。

1. 标题

对于小红书账号的运营者来说，其想要成功打造出一篇"爆款"笔记，标题的重要性不言而喻。一个亮眼的标题不仅能够吸引用户的目光，促使用户点击查看详情，还能使运营者获取平台流量。没有一个足够亮眼、吸睛的标题，就无法吸引用户点击查看笔记详情，即便内容质量高，笔记也难以爆火。以下是供运营者参考借鉴的几种标题写作方式。

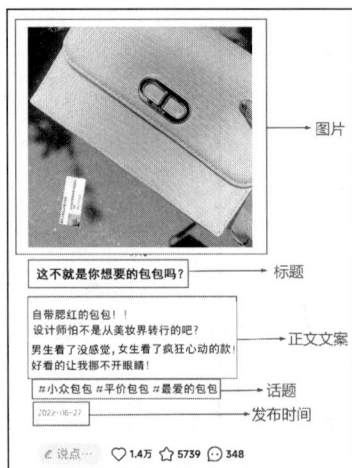

图6-15 商品笔记的关键要素

（1）击中用户痛点。

（2）引起用户情感共鸣。

（3）巧用疑问句、感叹句。

（4）巧用数字和表情。

（5）引入热点。

2. 首图

首图是吸引用户的关键。用户打开小红书App，在不滑动的情况下，整个版面通常显示4～6篇笔记，每篇笔记的标题只占到两行，其余部分都是图片。这也就意味着，运营者想要让用户在推荐流区域点击笔记查看详情，除了要重视标题的作用外，还应重视首图的作用。以下是供运营者参考借鉴的首图设计注意事项。

（1）有对比的图好于纯商品展示图。

（2）主题突出，画面干净，色彩和谐。

（3）强调笔记看点，突出商品卖点和优势。

（4）首图中出现的文字、元素要基于笔记的内容来定。

（5）注意整体风格的一致性。

3. 正文文案

对标题以及首图有所了解之后，下一步运营者要学习如何创作出高质量的正文文案。好的笔记离不开好的正文文案，要做好内容，文字表达功底要扎实。想要创作出优质的笔记正文，运营者可以从以下几个方面着手。

（1）确定好正文的整体框架。

（2）在内容排版上下功夫，确保整体看上去简约、美观。

（3）注意关键词的设置。

（4）介绍商品详情，描述可信、不夸大。

（5）分享核心卖点、利益点，突出差异性。

4．图片

图片是商品笔记的点睛之笔，笔记中可以放置商品图、效果图、细节图等。图片可以让笔记变得生动，帮助用户理解笔记。要创作出优质的图片，运营者应注意以下事项。

（1）一般使用6~9张图片，在保证内容显示量的同时，图片比例应为3∶4或1∶1。

（2）用醒目的图吸引眼球，把用户关注的重点内容突出展示，强化商品效果。

（3）可以通过对比效果图给用户以视觉冲击，吸引眼球，如商品使用前后对比、健身/减肥前后对比、穿衣对比等。

（4）展示商品细节，提升转化率。

（5）小红书强调内容的原创性，非原创内容、图片可能会造成侵权，进而受到惩罚，比如封号等。

5．话题

话题是小红书平台开发的一种内容创作功能。通过话题，普通用户能够根据自身需求精准定位感兴趣的内容，增加对商品的认知程度，因此这一功能对用户的购买行为具有较强的影响力。同时，运营者借助话题发布笔记时，能够增强笔记内容的指向性，提高被搜索到的可能性，从而达到增加阅读量、吸引更多用户的目的。

> 🎓 **小提示**
>
> 话题不是越多越好，只有结合笔记本身的内容定位，尽量精准匹配合适的话题，才能真正帮助笔记内容获得更多的流量扶持。并且运营者不宜添加太多话题，否则容易造成内容定位不清晰的问题。

想要创作出优质的话题，运营者应注意以下事项。

（1）在话题中添加商品的功能类型。

（2）在话题中添加商品的用户群体。

（3）通过小红书搜索功能搜索热门话题，打开排名靠前的笔记内容，查看笔记底部的话题。

（4）添加小红书官方话题，如小红书官方主推的"热门活动""本周热点""经典话题"等。

6．发布时间

观察同类商品高热度笔记的发布时间，寻找规律并记录。一般规律如下：在8:00~10:00、12:00~13:00、17:30~19:00、20:00~22:30，平台用户的活跃度高，运营者可以选择在这些时间段发布笔记。

6.4.2 查找平台热点关键词

关键词能让用户更快地搜索到自己想要的内容，同时有助于运营者定位笔记受众，将笔记更精准地推荐给用户。笔记关键词和用户在搜索时用到的词匹配度越高，笔记被搜索到的可能性就越大。优质的内容再辅以关键词布局、强化，随着时间的推移，笔记爆火的概率很大。

热点关键词主要通过搜索结果页、搜索发现、笔记灵感、高热度笔记、评论区留言等几个途径找到。

（1）搜索结果页。在小红书搜索结果页会出现很多近期热点关键词，运营者可以根据需要提取关键词运用到自己的笔记中。如果笔记内容是跟旅游有关的，那么运营者可以在搜索栏中输入"旅游"，然后在搜索结果页中查看排名靠前的笔记内容的关键词，如图6-16所示。

（2）搜索发现。运营者可通过小红书平台自带的"搜索发现"来获取热点关键词，了解小红书用户当前关注的内容，捕捉热点话题，如图6-17所示。

图6-16 搜索结果页

图6-17 搜索发现

知识窗

一般搜索发现区域会显示近段时间以来小红书用户搜索比较多的关键词。运营者可以时不时地查看推荐关键词，如果其和自己所处的领域以及准备要创作的内容方向有关，可以直接将其作为笔记的关键词来使用，这样笔记被平台推荐的概率会大大增加。

（3）笔记灵感。登录小红书账号，点击"我"按钮，然后点击左上角的"☰"

按钮，选择"创作中心"选项，如图6-18所示；进入"创作中心"界面找到"笔记灵感"，找到不同类目的笔记的热点关键词，如图6-19所示；根据自己的账号定位选择合适的关键词，可能会获得免费流量。

图6-18　选择"创作中心"
　　　　　　选项

图6-19　通过笔记灵感获取热点关键词

（4）高热度笔记。在小红书查看高热度笔记，也可以获取热点关键词，如图6-20所示。在发布笔记时加入相应热点关键词，提升笔记爆火的概率。

（5）评论区留言。关注笔记评论区用户的留言，如图6-21所示，根据留言找到用户近期关注的热点话题，发布相关笔记以吸引用户。

图6-20　利用高热度笔记获取热点关键词

图6-21　评论区留言

6.4.3　商品笔记发布

小红书平台对笔记内容没有过多的限制，发布笔记时的操作也十分简单。一般来说，发布笔记的具体操作步骤如下。

（1）打开小红书App，点击界面正下方红色的"+"按钮进入发布笔记界面。进入该界面后可以看到有5个可选项，分别是"拍照""商品""相册""模板""直播"，如图6-22所示。

其中，除了"直播"和"商品"选项，其余都和发布笔记有关。"模板"是平台为运营者提供的视频模板，有多种风格和主题可以选择。运营者选定模板后，从相册导入素材即可自动生成视频。"相册"是打开发布笔记界面后的默认选项，运营者需要事先准备好素材，选定后即可进入下一步。

知识窗

除了用提前准备好的素材外，运营者还可使用平台自带的"拍照"功能，该功能下提供了很多模板，后续可用于剪辑或编辑。相较于从"相册"导入的视频或图片，从平台上直接拍摄后上传的内容会得到更多的流量扶持，但是这对运营者的要求比较高，运营者可以根据自己的实际情况进行选择。

（2）选择好素材之后，点击右下角的"下一步"按钮，如图6-23所示。

图6-22　进入发布笔记界面　　　　图6-23　选择素材

（3）在打开的界面中，运营者可以对素材进行调整，可以添加滤镜、音乐、文字、贴纸、模板、美颜效果等，操作完成之后即可点击右上角的"下一步"按钮，如图6-24所示。平台在发布笔记板块设置的功能非常丰富，提供了很多不同风格、不同主题的模板样式，如图6-25所示。

图6-24　对素材进行调整　　图6-25　选择模板

（4）素材调整完成之后，运营者即进入填写标题和正文的环节，而且可以添加话题、@其他用户、添加地点，如图6-26所示。待内容全部编辑完成后，运营者点击"存草稿"按钮可以保存笔记，或者直接点击"发布笔记"按钮，待平台审核无误后即可成功发布笔记，如图6-27所示。

图6-26　填写标题和正文　　图6-27　成功发布笔记

┌───┐

🎓 **小提示**

　　添加正文时加入话题或@某位用户，可以增强内容的联结属性，在一定程度上可以增加笔记的曝光量，帮助笔记获得更多的流量。添加发布地点的功能，对于那些想要通过线上宣传来为线下店铺引流的运营者而言是非常有利的。

└───┘

6.4.4　商品笔记发布技巧

　　小红书是一个注重内容的平台，运营者想要笔记效果好，收获流量和粉丝，创作优质的内容是非常重要的。在保证内容质量的前提下，运营者想要让笔记获得更多的阅读量和更好的转化效果，可以使用一些技巧。

1. 添加话题

　　在编辑笔记正文内容时运营者可以添加话题，用户搜索或点击某个话题就可能会看到添加了这个话题的笔记。比起没有添加话题的笔记，添加了话题的笔记的阅读量和曝光量都会高一些。

　　举个例子，小红书某用户在广州旅游时发布了一篇笔记，分享自己在广州旅游拍照的经历，在正文的最后添加了"#广州拍照旅游地"这样一个话题。用户点击这个话题，就会看到很多关于广州拍照旅游地的笔记。这些笔记有一个共同点，就是笔记的正文部分都添加了同样的话题，如图6-28所示。

图6-28　小红书某用户发布的笔记截图

小红书平台会根据热点生成很多热点话题，运营者可以在发布笔记时选择合适的话题进行添加，也可以通过点击其他运营者发布的笔记中添加的话题，跳转到含有该话题的笔记界面，然后点击"立即发布"按钮，发布相似的内容。

2. 挑选笔记发布时间

选择合适的时间发布笔记有助于提升笔记的数据表现，运营者在发布笔记时可以根据自己的需要选择发布时间。就通常情况而言，用户越活跃的时间段，运营者也会越活跃，在这个时间段内发布的笔记数量相对而言也会更多。

除了参考用户的活跃时间段，运营者还可以在日常挑选不同的时间发布笔记，并记录笔记发布后的效果，看看自己在不同的时间段发布的笔记效果有何区别。若某个时间段的效果格外好，那么运营者之后可以将投放效果好的时间段作为自己发布笔记的黄金时间段。

知识窗

一旦运营者确定了适合自己的发布时间，就不要再随意更改了，因为在固定的时间发布笔记能够在用户心中留下深刻的印象。比如小红书某知名博主每天晚上 7 点左右固定发布两条笔记，久而久之就在用户心中留下了比较深的印象，一到固定时间，用户就会查看博主是否更新了笔记，如发现博主当天没有更新，还会给博主留言，督促其更新。

3. 添加笔记合集

笔记合集是小红书平台为运营者，尤其是内容产出较多的运营者提供的一个功能。创建笔记合集，一方面有利于运营者对笔记内容进行归纳分类，另一方面也方便用户在浏览运营者主页时通过合集尽快找到自己所需要的内容。而且当用户进入合集浏览时，可能会带动合集中其他笔记的浏览量提高。

小提示

不过，目前笔记合集只支持视频形式的笔记，小红书针对图文笔记还没有开通相应的功能。笔记合集对于笔记数量比较多、对内容创作有规划的运营者来说是非常方便的。

4. 突出商品特点

运营者可以在笔记中突出商品的独特之处，这样用户会更容易注意到它。如果商品的外观、口感、质感等有特别之处，不妨多加描述。

5. 详细记录使用心得

除了介绍商品特点，运营者还可以详细记录商品的使用心得。在使用过程中，运营者可以记录商品的优点和缺点，也可以记录下商品与其他同类型商品的差异。这样用户可以更全面地了解商品。

6. 描述商品细节

运营者在介绍商品时，不要忽略细节。例如，运营者可以拍摄一些细节图来展示商品的外观、纹理、质感等，还可以介绍商品的使用须知等内容，这些对于促进用户购买和使用都是有帮助的。

6.5 小红书账号涨粉逻辑

下面将从曝光、点击、互动、关注四方面对小红书账号涨粉逻辑进行阐述，小红书账号运营者可以从这些逻辑中找到涨粉的秘诀。

微课视频

✏ **课堂讨论**

小红书账号涨粉逻辑有哪些？

小红书账号
涨粉逻辑

6.5.1 曝光

笔记获得曝光主要有五种途径，分别是粉丝推送、算法推荐、搜索推荐、站外引流以及薯条推广，如图6-29所示。

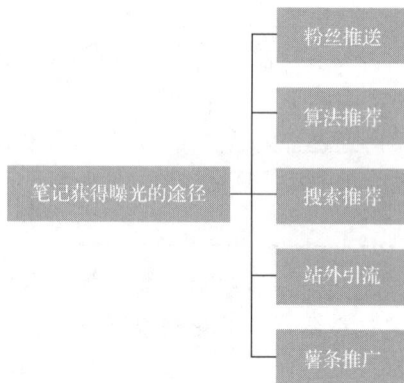

图6-29 笔记获得曝光的途径

1. 粉丝推送

粉丝推送是指运营者发布一篇笔记之后，平台会根据内部的推荐机制，将笔记推送给账号的粉丝。粉丝在看到笔记之后会产生一系列的互动行为，进而使得笔记的阅读数据有所增长，从而帮助笔记进入更高一级的流量池，笔记因此被推荐给更多人。

2. 算法推荐

算法推荐可以细分为两个渠道。一个是"同城页"的推送。用户打开同城页面，可以看到位于同一城市的其他小红书用户发布的笔记。当用户看到感兴趣的笔记时，可以和创作笔记的运营者进行一系列的互动，帮助笔记的数据得到增长。还有一个是小红书官方根据笔记的综合数据进行推送。当笔记在同级流量池获得的数据比较好且能够达到进入更高一级流量池的标准时，小红书官方就会将笔记推送到更高一级的流量池。由此可知，算法推荐更看重的是笔记本身的数据。

3. 搜索推荐

搜索推荐主要由笔记的选题、标题、首图、关键词布局以及话题标签、图片标签等多种因素决定。

小红书账号的运营者想要笔记被更多的用户搜索到，就要在创作时下功夫，尤其要注意标题、首图以及关键词布局等方面。当然更重要的是，注重内容本身的质量。

4. 站外引流

站外引流是将小红书笔记分享到其他互联网平台，通过其他渠道为笔记注入新的流量。站外引流可以从两方面来看：一方面是运营者将自己创作的小红书笔记分享到其他平台，目前小红书支持分享的站外渠道有微信好友、朋友圈、QQ好友、QQ空间等，如图6-30所示；另一方面是小红书用户阅读笔记后，将笔记分享到其他平台，这种分享以微信好友之间的分享为主。

图6-30　分享笔记到站外渠道

5. 薯条推广

薯条推广是一款为小红书用户打造的付费推广工具。运营者使用薯条推广可选择推广目标，帮助笔记提升曝光量、互动量或粉丝量，让更多粉丝更快地看到精彩内容，增加账号被关注的概率。

投放薯条推广的方法也比较简单。首先运营者在个人主页中找到想要投放薯条推广的笔记，然后点击界面右上角的"…"按钮，在弹出的小窗口中点击"薯条推广"按钮，如图6-31所示。运营者在"推广设置页"界面中可以看到"内容加热"和"营销推广"两个选项，选择"内容加热"选项，设置推广目标，找到要提高浏览量的推广笔记，选择推广人群，预计推广人次，选择推广金额，点击"立即支付"按钮即可，如图6-32所示。

图6-31 点击"薯条
推广"按钮

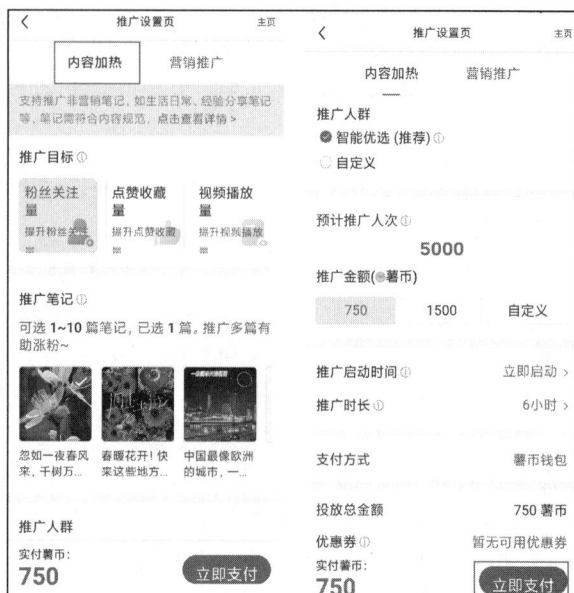

图6-32 推广设置

无论选择哪一种渠道，重要的前提是运营者要保证内容的质量，只有内容的质量足够优质，这些曝光渠道才能发挥作用。

6.5.2 点击

点击是小红书账号涨粉的关键因素之一，这里主要阐述笔记被点击阅读的两种情况。小红书笔记被阅读，无非两种情况：一种是被已关注账号的用户阅读，另一种是被未关注账号的用户阅读。

未关注账号的用户点击阅读笔记，更多是被首图、标题以及主题等因素吸引；而已关注账号的用户，即粉丝，点击阅读笔记，除了上述因素外，还受到粉丝黏性的影响。粉丝黏性越强，点击阅读笔记的概率就越大。增强粉丝黏性，增加笔记点击概率的方法如下。

（1）定位明确且垂直、内容视觉风格较为统一、内容优质且有价值的账号，粉丝黏性会比较强。

（2）运营者本身具有人格魅力，能通过自身言谈等吸引众多忠诚度比较高的粉丝。

粉丝黏性比较强的账号通常表现为获赞、收藏的数量比粉丝的数量高出几倍甚至更多。简单来说，就是用账号获赞与收藏的数量除以粉丝数量，得到的数值越大，说明粉丝黏性越强。举个例子，某小红书账号在小红书平台上拥有1.4万名粉丝，但是获赞、收藏的数量达到了45.2万次，如图6-33所示。

与之相反，如果一个账号的粉丝很多，但是获赞与收藏的数量很少，这就说明账号的粉丝黏性比较弱，涨粉的速度相对来说也比较慢，账号的整体发展可能陷入了瓶颈期。

图6-33 某小红书账号粉丝数量
与获赞、收藏量

6.5.3 互动

互动也是影响小红书账号涨粉的因素之一。在小红书，常见的互动方式有点赞、收藏、评论、转发等。吸引用户互动有以下方法。

1. 引起共鸣

如果用户阅读完笔记之后能够产生强烈的共鸣，就会点赞、收藏或评论。比如小红书某博主在平台上分享自己在职考研的过程，很多用户看到其发布的笔记之后在评论区留言，如图6-34所示。

2. 获得价值

获得价值主要是指用户在阅读完一篇笔记之后，感到收获非常大，因而会自发点赞、收藏和评论。对于小红书账号的运营者来说，如果其想要在笔记发布之后和用户产生更多的互动，可以将干货类笔记作为一个参考方向。

图6-34 笔记引起共鸣

3. 理性认同

理性认同是指用户在看到一篇笔记之后认为笔记内容有逻辑、分析到位，并且观点清晰、立场鲜明，就会对笔记给予认同，然后就会产生点赞、收藏、评论等互动行为。

4. 有议论点

有议论点就是指笔记的内容具备较强的议论性，用户在阅读一篇笔记时能从标题以及内容中找到可以议论、探讨的点。这样的笔记通常能够在很大程度上吸引用户进行评论。

一篇具有较强的议论性的笔记对于评论增加的促进作用非常大，而评论的数量又是影响小红书笔记后续发展的一个非常关键的要素。所以对于小红书账号的运营者来说，其想要笔记获得更多的评论，可以在笔记的标题以及内容中引入一些比较有争议性的话题，但是要选择正能量、积极向上的话题。

6.5.4 关注

关注是小红书账号涨粉的最后一个环节，只有用户选择关注账号，涨粉的目标才算真正完成。用户在小红书平台上看到一篇笔记，凭什么就会选择关注博主呢？其中的原因主要有两点：一是笔记能输出价值，二是运营者自身的人格魅力大。

1．输出价值

用户在看到一篇笔记之后，如果认为笔记内容有价值，可能会点赞、收藏和评论，但是直接关注的情况是比较少的。通常情况下，用户会进入该运营者的账号主页，浏览运营者发布的其他笔记，如果其余的笔记也能达到用户的期望，用户就会选择关注。

> 🎓 **小提示**
>
> 小红书账号的运营者必须拥有较强的持续输出能力。只有运营者持续输出优质的内容，才能不断地吸引新用户，而且账户的黏性才会更强。

2．人格魅力

因为运营者本人具有极强的人格魅力而关注账号的用户，其忠诚度会比较高。不过这对于运营者本人的要求比较高，运营者需要有极高的知识素养。

6.6 主播自我经营

进行小红书直播的主播要想成为人气主播，就必须从各个方面经营自己、提升自己。

微课视频

主播自我
经营

6.6.1 全面提升平台运营能力

主播必须要掌握直播平台运营能力，直播平台运营的主要内容如下。

（1）及时解决直播过程中所发现的问题。

（2）对自身的日常状态及时进行调整。

（3）做好直播整个过程的准备，应对各种突发情况。

（4）熟悉产业链，了解平台现状和行业的最新动态。

（5）建立直播团队，更高效地运营直播和管理粉丝。

6.6.2 塑造主播人设

主播人设是指主播人物形象的设定，通过主播的外貌特征、服装样式、身份地位、性格特点以及兴趣习惯等来营造其在用户心中的印象。通过对比那些知名主播不难发现，他们身上都有一个共同特征，那就是拥有个性鲜明且非常受欢迎的人设。

新人主播该如何建立适合自己的人设呢？可以从以下方面着手。

（1）外貌特征：主播外貌特征有可爱、小清新等，主播根据自己的形象去打造人设。

（2）服装样式：搭配自己喜欢或符合自身气质、身份的服装。

（3）身份地位：以自己目前的身份和过去的成就来建立人设。

（4）性格特点：向用户展示自己讨喜的、真性情的性格。

（5）兴趣习惯：根据自己的兴趣、习惯来制定人设。

一个优秀的主播除了会展现优质的直播内容以外，通常具有特定的人格魅力。所谓人格魅力，本质上就是主播对自己人设的定义。打造人设可以让主播的定位更加清晰独特，使用户通过标签和关键词就能记住主播，所以好的人设必须要有记忆点。

🎓 小提示

直播开始时的自我介绍是打造主播人设的一个绝佳的机会。好的自我介绍能让主播的人设更加立体饱满，并使用户对主播产生信任和共鸣，从而对主播印象深刻。

6.6.3　打造主播个人IP

新人主播要想通过直播成为人气主播，就得学会树立自己独特的风格，打造个人IP。个人IP是当今互联网营销的一个重要手段和模式，它相当于个人品牌。个人IP打造的方法如下。

（1）社交媒体的打造。个人IP的兴起并不是偶然现象，它是网络社交媒体发展过程中的一种新产品。网络社交媒体的流行，尤其是移动社交平台的火爆，让很多能够创造优质内容的互联网创业者成了自媒体达人，这个趋势还将进一步延伸。

（2）变现能力的提高。当然，主播要想获得真正的成功，就要实现变现。如今，个人IP的变现方式已经越来越多，如广告、游戏、影视、直播、社群、网店以及粉丝打赏等。个人IP只有具备较强的商业变现能力，才能获得真正的粉丝经济的红利。

（3）学习和经验的积累。作为个人IP形成的重要条件，内容创造如今也出现年轻化、个性化等趋势。虽然不要求主播有多高的学历，但至少要能展现出有价值的东西，要创作出与众不同的内容。从某种方面来看，主播知识的丰富程度决定了其内容创作的水平。

（4）核心价值观的明确。个人IP首先需要一个明确的核心价值观，即平常所说的商品定位，也就是主播能为用户带来什么价值。主播在打造个人IP的过程中，只有明确了核心价值观，才能对内容和商品进行定位，才能突出自身独特的魅力，从而快速吸引关注。

（5）人格魅力的培养。在打造个人IP的过程中，主播需要培养自身的正能量和亲和力，将一些正面、时尚的内容第一时间传递给用户，获得他们的信任。

（6）与平台合作。主播要主动寻找好的直播平台合作，这些主播同时也能为平台带来更多的用户和收益。各种直播平台的出现也让IP争夺越来越激烈，而且很多平台开始借势电视剧、电影、综艺等热门IP，以吸引更多新用户。

✎ **素养提升**

"带货"主播被举报

"带货"主播王先生在小红书平台运营账号一年来，粉丝数突破百万名，随后便通过"带货"销售商品。他"带货"几个月以来，因为商品宣传与实际质量不符，出现很多退货，被消费者举报，还被当地工商部门罚款。他为什么会被消费者举报呢？

在商品信息宣传方面，王先生没有从商品真实信息出发，而是采用了夸张、虚假的商品信息宣传方式。他在直播中介绍的商品宣传语是"最好的体验、最好的服务、最好的质量……"开头都是"最好"这两个字。为何消费者要因宣传语而投诉王先生呢？因为他的宣传语违反了《中华人民共和国广告法》的相关规定。

直播"带货"不是法外之地，归根结底还是销售商品（服务），那么主播应保证所销售商品（服务）的质量。主播也要遵守国家的电商法、消费者权益保护法、广告法等法律法规。主播应该珍惜粉丝的信任，真正为粉丝带来质优价廉的商品，而不是欺骗粉丝。

从"带货"主播的角度讲，要"君子爱财，取之有道"，社会影响越大，守法责任越重，越应主动替消费者把关。直播商家也应主动采取措施，定期邀请主管部门及专业机构上门指导，查缺补漏，完善管理制度。直播平台也应提升管理水平，查找管理漏洞，提高入行门槛。

6.7 小红书变现方式

随着"短视频+直播"的变现模式不断完善并逐渐成熟，小红书变现的模式更加灵活多样。

✎ **课堂讨论**

小红书变现方式有哪些？

6.7.1 通过粉丝打赏获益

大部分直播平台的主播，都是通过粉丝购买礼物进行打赏实现变现的。只要主播的内容足以吸引并打动粉丝，粉丝就会用直播平台上设定的虚拟礼物对主播进行打赏。打赏变现主要靠粉丝赠送的虚拟礼物，如星愿瓶、糖果花车、天空之境等，如图6-35所示。不同的虚拟礼物所对应的虚拟货币是不同的，而这些礼物就是主播的直接收入。

在直播过程中，主播需要和粉丝进行良好的互动。互动良好，粉丝才会更喜欢主播，从而更愿意打赏。

另外在直播时，主播要避免那些无营养、无聊的聊天内容，那样的内容很容易消耗粉丝的好感，而且粉丝体验不佳，自然不会打赏。因此，主播在直播前要进行粉丝调查，了解粉

图6-35　虚拟礼物

丝喜欢什么内容，然后有针对性地进行直播。戳中粉丝痛点的直播可以获得更多好评，也可以获得更多打赏。

6.7.2　利用主播"带货"变现

各商家已经开始充分利用直播平台，聚拢粉丝，通过直播卖货实现变现。主播通过视频直播展示并介绍商品，最大限度地展现商品的特点与优势，使用户更直观地看到商品，提升用户的体验感，激发用户的购买欲望，促使用户产生购买行为，从而实现变现。

品牌商家通过直播向用户推荐商品，相较于通过硬广告、图文推荐，更好地展示了商品，提升了用户的购物体验。直播的优势就是可以快速地聚粉、沉淀和互动，进行二次营销。商家通过直播推荐商品，用户点击购物车按钮可以进入商品列表，然后边看直播边购物，如图6-36所示。

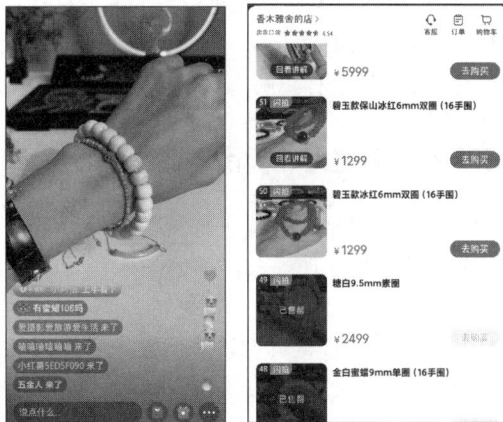

图6-36　主播"带货"变现

6.7.3　通过植入广告变现

植入广告是指将广告信息和内容巧妙结合，使广告自然地融入内容，最终达到向用户传递广告信息的目的。小红书运营者可以在短视频中适当地插入品牌广告内

容，让用户对品牌有一定的认知。

小红书运营者要采用合适的方式来植入广告，具体如下。

1. 台词植入

台词植入是指运营者通过短视频中人物的台词把商品的名称、特征等信息直白地传递给用户。这种方式很直接，也很容易增强用户对商品的认同感。不过，台词的衔接要自然、恰当，不能太生硬地插入商品介绍，以免用户反感。

2. 剧情植入

剧情植入是指运营者把商品信息融入短视频的剧情，通过故事的逻辑线条和情节发展，向用户呈现商品信息。

3. 道具植入

道具植入是指运营者将商品当成短视频中的道具，直接、自然地展现在用户面前。很多短视频都采用这种方式来宣传商品。不过在采用这种广告植入方式时，运营者不能过于频繁地展示商品的特写，因为这样做会放大广告的特点，而目的性过强就很容易让用户产生不适和反感。

4. 奖品植入

奖品植入是指小红书运营者通过在短视频中发放一些奖品来引导用户关注、转发和评论短视频的广告植入方式。例如，发放优惠券、代金券，或者为短视频提供商品赞助，将商品作为奖品奖励给用户等。

5. "种草"植入

"种草"植入常见于美妆类关键意见领袖（KOL）的短视频中。当用户通过短视频学习美妆知识时，就会不自觉地加深对化妆品商品信息的记忆。如果KOL再对商品的使用方法进行讲解，就可以达到事半功倍的效果，极大地刺激用户的购买欲望。

6.7.4　通过专栏知识付费变现

在小红书平台，除了打赏、直播"带货"变现方式外，还有一种与知识内容有着直接关系的变现模式，那就是专栏知识付费模式，即用户支付一定的费用再观看短视频或直播内容。

知识付费的本质是让用户付费购买特定的知识内容。因此要想让用户付费，内容必须有价值，且具有排他性、稀缺性及独特性。主播可以先通过免费的方式让用户关注直播内容，积累一定数量的粉丝，然后再推出付费的直播内容。

专栏是小红书推出的全新知识付费产品。博主可以选择直播或上传视频的方式分享自己的经验和知识，用户在平台内可以充值薯币，用来购买课程。图6-37所示为某小红书账号通过专栏知识付费变现。

目前，小红书专栏包含了以下几种形式。

（1）直播课：博主开启付费直播，与用户交流互动。

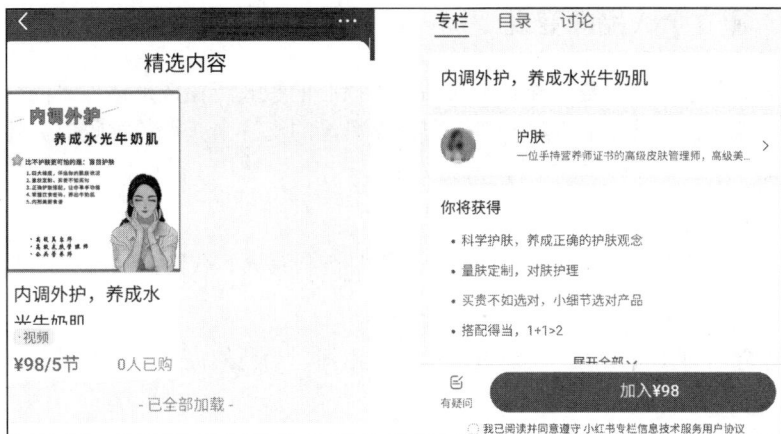

图6-37　专栏知识付费

（2）视频课：不受时间、场地限制，一次性上传完整视频课程，这种形式也叫录播。

（3）1对1咨询：为有需求的用户提供专属服务。

现在很多短视频直播平台推出了内容付费服务，主要原因如下。

（1）短视频直播平台逐渐完善成熟，但要想获得更好的发展，需要开拓更多的盈利模式来吸引更多的创作者入驻。

（2）越来越多的用户需要优质的知识内容，优质内容的市场在不断扩大。

（3）用户逐渐养成了为互联网上的优质内容付费的习惯，而且付费的精品内容逐渐受到市场的认可与欢迎。

6.7.5　版权输出变现

版权输出变现主要是指创作者在某一领域或行业经过一段时间的经营，拥有了一定的影响力或者经验之后，将自己的经验加以总结，然后出版图书，以此实现变现的盈利模式。

图书出版与短视频直播看似两个完全不同的行业，却有着一定的共性——以内容为核心。图书承载的是系统化的内容，短视频承载的是碎片化的内容。在内容为王的时代，优质的内容可以做成简短的、轻松的短视频内容，也可以做成系统的、严谨的图书内容。短视频可以为图书出版积累用户基础，图书出版可以扩大短视频的影响力。

短视频创作者要想实现版权输出变现，需要从一开始就策划和创作知识型短视频内容，靠提供优质知识内容来吸引用户；在积累大量用户之后，再用出版图书的方式输出系统化的知识。

创作者采用出版图书这种方式实现变现，只要创作者本身有基础与实力，那么收益还是很可观的。

6.7.6　建立个人品牌变现

建立个人品牌变现是一种以个人品牌为核心的相关产业链延伸出来的一系列商业活动，其商业本质还是粉丝变现，即依靠粉丝的支持来获得各种收益。建立个人品牌变现的方法主要有3种，具体内容如下。

1．卖个人影响力

通过个人的影响力来对接广告合作、做品牌代言人、代购商品等。

2．建立公司

创建自己的公司或团队，通过培养新人主播，为他们提供完备的供应链和定制产品，从而增强变现能力。

3．打造个人品牌

建立自己的品牌，让自身影响力为品牌赋能，产生品牌效应，促进品牌产品或服务的销售。例如，某美食主播通过拍各种做美食的视频吸引粉丝和流量，再利用专业的团队运营和商业包装，成功地打造和建立了个人品牌和IP并利用自身品牌的影响力实现商业变现。

6.7.7　借助蒲公英平台变现

蒲公英是小红书优质创作者商业合作服务平台，为博主、机构和品牌提供相应的广告合作和交易服务。图6-38所示为蒲公英平台的博主"带货"数据。

图6-38　蒲公英平台的博主"带货"数据

蒲公英平台是经小红书官方认证的品牌合作渠道，上面有非常多优质的品牌合作资源。小红书账号的运营者先在蒲公英平台上根据自己账号的实际情况填写合作报价，品牌商看到后对其进行评估，如果认为条件合适就会向运营者发出合作申请。

不过入驻蒲公英平台是有条件的，即需要粉丝达到5000名；而且运营者报价是有讲究的，报价过高会被品牌商忽略，报价过低自己又会深感纠结。

关于报价，运营者可以参考业内常用的报价公式：报价=粉丝数×5%。比如一位有10万名粉丝的博主就可以将报价设定为5000元，或者围绕这一数值上下浮动。不过这只是一种参考方法，具体报多少，运营者需要结合自身的情况权衡。

6.7.8　内容电商变现

内容电商是指在互联网时代，商家通过传播优质的内容，进而引发用户的购买欲望，并引导他们完成购买的一种商品销售形式，其采取的手段通常为图文、视频等。小红书作为国内用户增长较快的内容电商平台，拥有数量庞大的用户，这也意味着巨大的商业价值。

很多年轻人喜欢通过小红书分享服饰搭配、美妆教程、旅游攻略、美食测评、家居宠物等内容。当他们有购买需求的时候，也会到小红书去搜索产品的口碑和测评，并进行比较。

比如某小红书博主发布了一篇笔记，如图6-39所示，这篇笔记就是内容电商较为典型的一种呈现形式。这是一篇关于服装推荐的笔记，博主通过精心准备的优质图片，吸引用户点击，从而带动这款服装的销量。

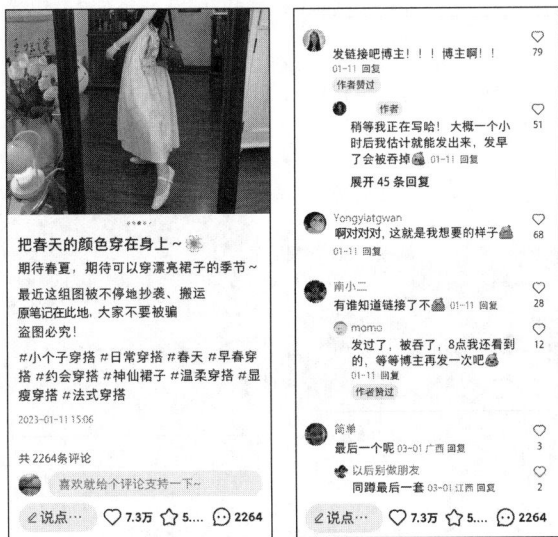

图6-39　服装推荐的笔记

翻看这位博主的主页，可以看到其所发布的笔记几乎都是这样的思路：通过优质的内容吸引用户点击，当用户对其中的商品感兴趣时就顺势告知他们购买渠道，而博主本人就可以从商家那里抽取一定数额的佣金。

6.7.9　依靠MCN机构变现

依靠MCN机构变现的模式适合各领域的主播，90%以上的头部主播背后都有一个

MCN机构在帮其运营。主播除了依靠MCN机构，自身还需要具备一定的特质和技能。

随着新媒体的不断发展，用户对接收的内容要求和审美标准也有所提升，因此这也要求运营团队要不断增强创作的专业性。依靠MCN机构变现的模式逐渐成为一种标签化IP，单纯的个人创作很难形成有力的竞争优势。

主播加入MCN机构是提升直播内容质量的好选择，MCN机构的流程化运营对于直播内容的变现来说是十分有利的。但主播同时也要注意发展趋势，如果不紧跟潮流，就很有可能无法掌握有利因素，从而难以实现理想的变现效果。

依靠MCN机构变现的方式有广告营销变现、签约挂靠获取平台相关分成、自营产品推广实现变现、"带货"变现等。

课堂实训

课堂实训一：发布直播预告

直播预告会让粉丝第一时间了解到主播的直播时间、直播主题、直播间福利等。优秀的直播预告能够充分激发粉丝进入直播间的兴致，从而确保粉丝准时进入直播间观看。发布直播预告的具体操作步骤如下。

（1）打开小红书App，点击"我"按钮，然后点击"+"按钮，如图6-40所示。

（2）进入"直播"界面之后，点击"预告"按钮，如图6-41所示。

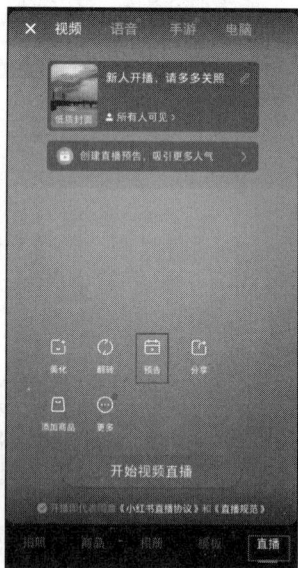

图6-40　点击"+"按钮　　图6-41　点击"预告"按钮

（3）打开"直播预告小贴士"界面，点击"发布预告"按钮，如图6-42所示。

（4）填写直播预告信息，填写完成后点击"发布预告"按钮，如图6-43所示，就成功设置直播预告了。

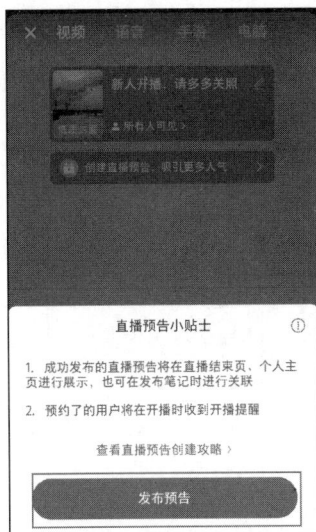

图6-42　点击"发布预告"按钮

图6-43　填写直播预告信息

课堂实训二：数据分析

小红书数据分析具体操作步骤如下。

（1）登录小红书创作中心，查看近7日数据，重点关注"主页访客""观看数""互动数"三个指标，如图6-44所示。

（2）进入"数据中心"界面，可以看到账号基础数据，重点关注"观看""互动""转化"三个指标。平台会给出观众来源分析，通过观众来源分析也能检测运营者自己的账号是否被限流。流量主要来自首页推荐、搜索、关注页面和其他来源四个部分，如图6-45所示。

图6-44　小红书创作中心

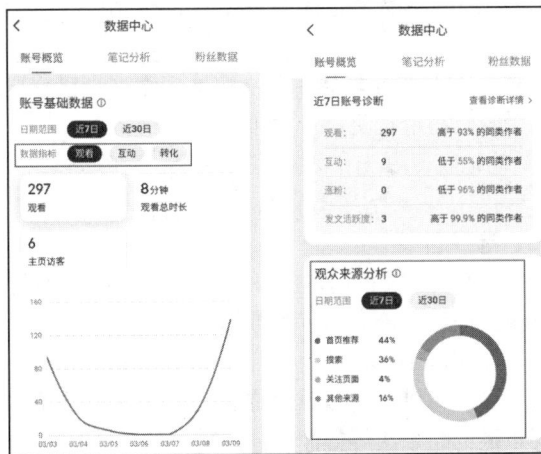

图6-45　查看账号基础数据

（3）在"笔记分析"一栏，选择想要分析的单篇笔记，如图6-46所示。单篇笔记数据可以从以下几个维度来看，如图6-47所示。

笔记基础数据主要有观看、人均观看时长、点赞、收藏、评论、弹幕、笔记涨粉、笔记分享八大指标。

发布后7日的观看数趋势：笔记发布后7天属于流量快速增长期。

图6-46　选择单篇笔记

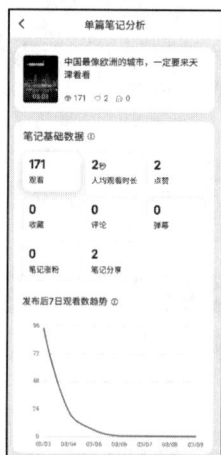

图6-47　单篇笔记数据分析

本章自测题

一、填空题

1．小红书平台的算法机制包括两个方面：＿＿＿＿＿＿＿＿和＿＿＿＿＿＿＿。

2．小红书平台推荐机制包括＿＿＿＿＿＿＿、＿＿＿＿＿＿＿、＿＿＿＿＿＿＿、＿＿＿＿＿＿＿等方面。

3．小红书商品笔记的关键要素，包括＿＿＿＿＿＿＿、＿＿＿＿＿＿＿、＿＿＿＿＿＿＿、＿＿＿＿＿＿＿、＿＿＿＿＿＿＿。

4．＿＿＿＿＿＿＿能让用户更快地搜索到自己想要的内容，同时有助于运营者定位笔记受众，将笔记更精准地推荐给用户。

5．笔记获得曝光主要有五种途径，分别是＿＿＿＿＿＿＿、＿＿＿＿＿＿＿、＿＿＿＿＿＿＿、＿＿＿＿＿＿＿、＿＿＿＿＿＿＿。

二、选择题

1．小红书会根据用户的性别、年龄、地域等基本信息，以及用户的浏览、点赞、收藏、评论、分享等行为数据，建立（　　　）。

　　A．用户画像　　　　B．推荐算法　　　　C．标签系统

2．（　　　）通常体现在登录的时长，浏览笔记的时长，点赞、评论、收藏的次数，发布笔记的频次等方面。

　　A．笔记内容的质量　　B．账号的活跃度　　　C．笔记内容的原创度

3．通过（ ），普通用户能够根据自身需求精准定位感兴趣的内容，增加对商品的认知程度，因此这一功能对用户的购买行为具有较强的影响力。

    A．标题　　　　　　B．正文文案　　　　　C．话题

4．（ ）是小红书平台为运营者，尤其是内容产出较多的运营者提供的一个功能。

    A．笔记合集　　　　B．话题　　　　　　　C．商品细节描述

5．（ ）是将小红书笔记分享到其他互联网平台，通过其他渠道为笔记注入新的流量。

    A．粉丝推送　　　　B．站外引流　　　　　C．搜索推荐

三、简答题

1．小红书平台推荐机制是怎样的？

2．小红书店铺类型有哪些？

3．小红书商品发布的规范有哪些？

4．商品笔记发布技巧有哪些？

5．怎样打造主播个人IP？

任务实训——小红书变现

为了更好地理解小红书变现的方法，我们将进行下述实训。

一、实训目标

1．理解并熟悉小红书直播变现的方法。

2．掌握发布商品笔记变现的方法。

二、实训内容

根据自己的情况，在小红书完成以下形式的变现。

1．通过粉丝打赏变现。

2．通过主播"带货"变现。

3．通过植入广告变现。

4．通过专栏知识付费变现。

5．版权输出变现。

6．内容电商变现。

三、实训要求

1．在变现前做好笔记的发布与优化。

2．通过表格对比不同变现方式的差异。

第7章

快手直播

　　快手是国内颇具影响力的社交电商平台，专注于满足用户消费需求以及为商家、用户提供多元化电商专业服务，并推出了电商服务工具——快手小店。快手致力于为用户提供值得信任的消费体验，为主播和品牌提供互利共赢的营商环境。本章主要包括快手平台认知、快手小店的开通、快手直播选品、快手直播引流、快手直播商品配置、快手直播粉丝维护、化解直播危机、快手直播规范等内容。

【教学目标】

知识目标	☑ 熟悉快手平台
	☑ 熟悉快手直播选品
	☑ 熟悉快手直播商品配置
	☑ 熟悉快手直播粉丝维护
	☑ 熟悉化解直播危机的方法
技能目标	☑ 掌握快手直播引流
	☑ 掌握快手小店商品发布
	☑ 掌握开通快手直播的方法
素养目标	☑ 遵守快手直播规范和法律法规

7.1 快手平台认知

微课视频

快手平台
认知

　　快手是国内知名的短视频应用平台，随着直播的发展，快手也提供了直播功能。用户在快手上不仅可以发布短视频，也可以通过直播销售商品。

课堂讨论

说一说快手平台的特点有哪些，快手电商生态是怎样的。

7.1.1　快手平台的特点

快手平台的特点主要表现在以下几个方面。

（1）快手平台目前对所有合法经营的用户均开放直播功能，鼓励用户多开直播。主播在直播的同时，快手平台还提供主播PK功能。

（2）快手平台基于用户社交关注点和兴趣点来调控和分发流量，通过全方位的数据，精准刻画用户画像，有针对性地给用户推荐其愿意观看的短视频，提供良好的观看体验。这提高了短视频观看率，增强了用户黏性，让短视频账号沉淀私域流量并与高黏性用户形成信任度比较高的关系。

（3）快手平台的主要用户集中在三线及以下城市和乡镇。下沉市场的用户黏性较高，转化率相对较高。快手平台在下沉市场的高渗透率使其避开了一、二线城市的流量红海，其"带货"能力在三线及以下城市和乡镇能高效发挥。

（4）快手直播不同于淘宝直播和抖音直播，其独有的社区文化可以给用户带来非常好的情感体验。快手直播上有很多主播与工厂、产地和产业链有密切合作，这些主播的直播内容也紧紧围绕自身定位展开。例如，主播会在果园、档口、店面等场景直播，这种直接展现商品源头和商品产地的直播卖货方式可以让用户更直观地了解商品，从而提升用户对商品的好感度和对主播的忠诚度。

（5）超高用户活跃度，保证品牌的曝光度。用户活跃度是衡量一个平台是否良好的标准之一，用户活跃度越高，品牌曝光的效果越好。

7.1.2　快手电商生态

快手提出"四个大搞：大搞信任电商、大搞快品牌、大搞品牌、大搞服务商"，引导品牌适应快手以信任为基础的电商生态。快手独特的信任电商生态及持续扩容的平台流量为电商业务的高质量拓展提供了支撑，并有助于用户体验的不断优化，进一步助力平台用户购物决策转化及用户黏性的提升。

快手直播电商的生态特征如表7-1所示。

表7-1　快手直播电商生态特征

项目	说明
平台类型	短视频App
平台特性	（1）基于高用户黏性，粉丝忠诚度高，商品转化率和复购率高； （2）扶持产业带直播，达人品牌崛起，主播自有供应链、商品更具价格优势
流量来源	偏私域

Chapter

7

项目	说明
主要供应链	外部电商平台、快手小店
"带货"商品属性	（1）以食品、日常生活用品、服装、鞋帽、美妆等商品为主； （2）商品性价比较高
"带货"KOL属性	头部主播相对分散
"带货"模式	达人直播、"打榜"等

7.2 快手小店的开通

快手小店是一个电商平台，可以帮助达人和商家高效地实现交易，带给用户沉浸式的购物体验。越来越多的商家开始在快手平台开通小店。

7.2.1 快手小店介绍

快手小店为商家提供便捷的商品管理及售卖服务，支持多种支付方式，能够高效地将粉丝流量转化为收益。同时它还有助于商家管理店铺的各种活动，查询每天、每月、每年的销量详情，以及各个商品的销售情况等。图7-1所示为某快手小店。

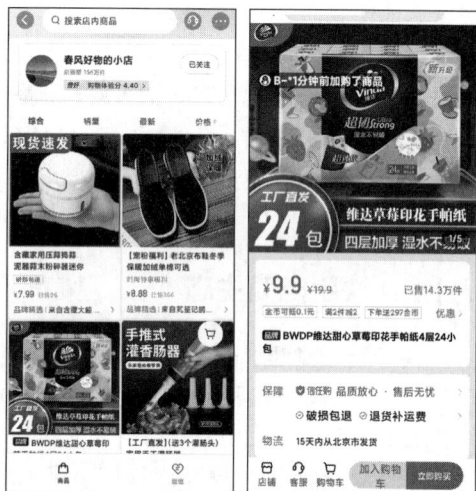

图7-1　某快手小店

快手小店相当于网上购物平台，商家可以通过添加商品，在直播和发布视频的时候进行展示，从而引导用户购买。开通快手小店将获得以下好处。

（1）支持多种支付方式，高效转化粉丝流量。

（2）商品获得额外曝光机会。

（3）快手平台提供便捷的商品管理及售卖服务。

7.2.2 开通快手小店

开通快手小店的具体操作步骤如下。

（1）打开快手App，点击"我"按钮，在打开的界面中点击"快手小店"按钮，如图7-2所示。

（2）在打开的界面中点击"开店"按钮，如图7-3所示。

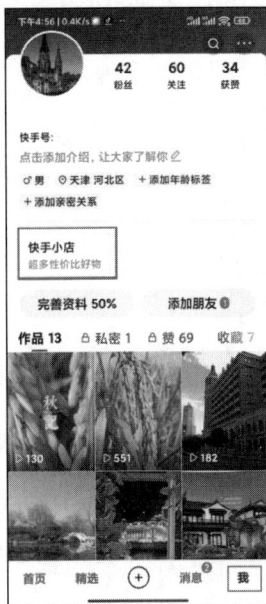

图7-2　点击"快手小店"按钮

图7-3　点击"开店"按钮

（3）进入"我要卖货"界面，根据自己的需要选择相应的选项即可。此处点击"我是主播"下面的"我可以推广商品赚钱"右侧的"立即加入"按钮，如图7-4所示。打开图7-5所示的界面，上传证件照片后，选中底部的"我已阅读并同意……"单选按钮，点击"人脸验证并入驻"按钮。

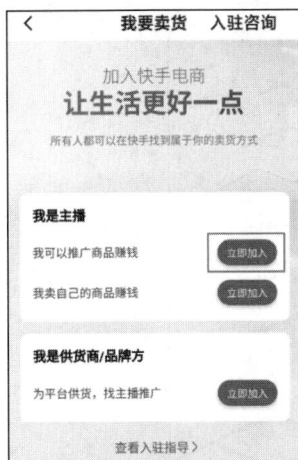

图7-4　点击"立即加入"按钮

图7-5　点击"人脸验证并入驻"按钮

（4）打开"身份核验"界面，验证成功界面如图7-6所示。

（5）点击图7-4所示的"我是主播"下面的"我卖自己的商品赚钱"右侧的"立即加入"按钮，打开图7-7所示的"加入快手电商"界面。

（6）点击图7-4所示的"我是供货商/品牌方"下面的"为平台供货，找主播推广"右侧的"立即加入"按钮，打开图7-8所示的"供货商/品牌方入驻"界面。

图7-6 "身份核验"界面　　　图7-7 "加入快手电商"界面　　　图7-8 "供货商/品牌方入驻"界面

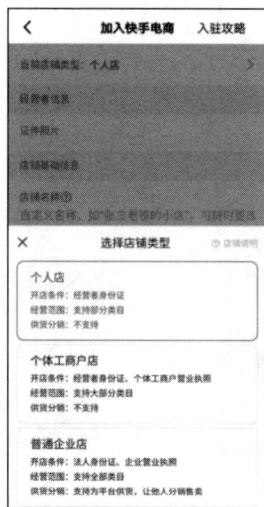

7.2.3 快手小店商品发布

自建小店商家在绑定收款账户以及缴纳店铺保证金后，即可在快手小店内添加商品，具体操作步骤如下。

（1）登录快手小店后台，点击"商品管理"下的"新增商品"按钮，如图7-9所示。

（2）上传商品图片，根据自己要售卖的商品，选择对应的商品类目。例如，售卖套餐，选择"到店美食"选项，再选择二级类目中的"快餐小吃"选项，再选择三级类目中的"团购套餐"选项即可，如图7-10所示。

（3）填写商品基础信息，如商品属性、商品备注、支付方式等，如图7-11所示。

（4）填写商品图文信息，包括商品主图、商品描述、商品详情图等，如图7-12所示。

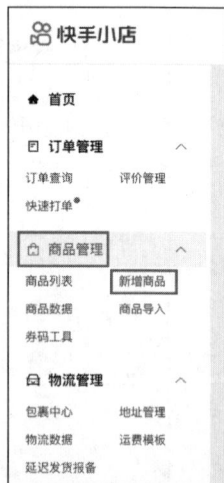

图7-9 点击"新增商品"按钮

图7-10　选择商品类目

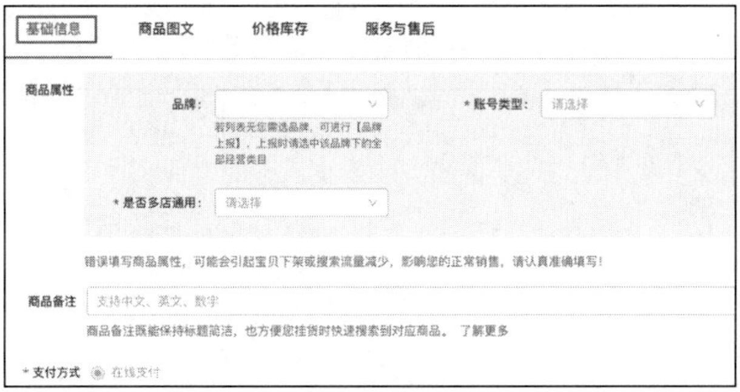

图7-11　填写商品基础信息

图7-12　填写商品图文信息

　　（5）设置价格库存等信息，可以选择商品规格、填写商品价格和库存、填写商品划线价，如图7-13所示。

图7-13　设置价格库存信息

（6）填写服务与售后信息，可以选择发货方式、选择承诺发货时间、选择码商、设置有效期、选择退货规则，如图7-14所示。审核通过后，即可完成对商品的添加。

图7-14　填写服务与售后信息

7.3 快手直播选品

商家想做好一场直播，选品是非常重要的一环。那么，快手直播商家该怎么做好选品工作呢？

课堂讨论

测品的方法有哪些？快手直播选品渠道有哪些？

微课视频

快手直播
选品

7.3.1　测品的方法

在直播选品前，商家需要通过充分的测品来验证商品的销售潜力。常用的测品方法有以下几种，如图7-15所示。

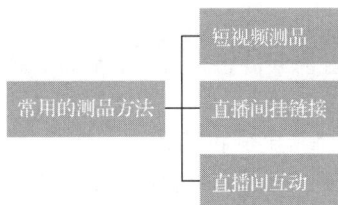

图7-15　常用的测品方法

1. 短视频测品

商家将待测商品根据不同销售话术、不同展示场景制作成多组"带货"短视频同步发布，根据短视频的点击、转化数据，可以了解该商品的销售潜力，同时能够对不同的销售话术和展示场景进行效果判断。商家也可以为它们制作相似的短视频进行"带货"测试，从中选取销售情况更佳的商品作为销售主力商品。

2. 直播间挂链接

直播间挂链接是指在直播过程中，同步上架几款备选商品，在不对其进行讲解的情况下观察它们的自然点击和转化数据。这是一种较为简单且低成本的测品方法，其优势在于商家可以根据测试结果进行实时调整。当有一款备选商品的自然点击和转化数据较好时，商家可以临时安排主播对这款商品进行讲解，进一步测试其销售潜力。

3. 直播间互动

在直播过程中，主播可以通过主动向用户提问的方式来了解用户的需求，比如主播可以描述一个具体的生活场景并提示痛点，让用户回应是否会在生活中遇到这样的场景，如果用户的反响强烈，则说明解决对应痛点的商品有较大的销售潜力。直播间互动不仅能够让主播了解用户的需求，也能够让用户获得更强的参与感。

7.3.2　快手直播选品渠道

快手直播常见的选品渠道有工厂、批发市场、供应链商品中心、快手小店里的第三方平台。2021年11月30日，快手电商将好物联盟升级为快分销。相比好物联盟，快分销有两大调整：一是降低品牌和商家开通快分销的门槛，让更多优质品牌和商家加入快手分销体系，进一步丰富商品供给；二是对商品进行了精细化分层，通过算法选出优质商品，并为其匹配更多权益。快分销是快手提供的达人变现平台，如图7-16所示。

从本质上看，快分销是快手

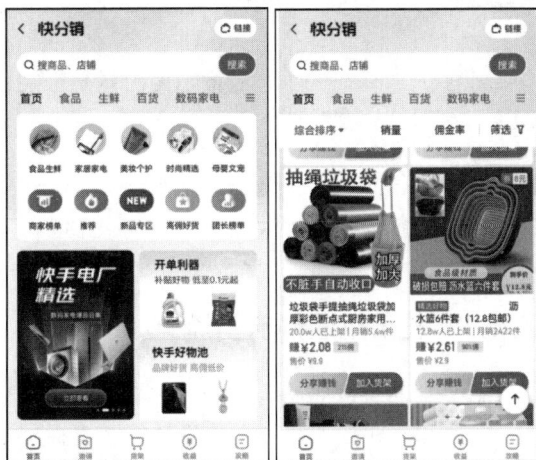

图7-16　快分销

的优质商品选择平台。快分销为平台内的达人、商家、团长三方提供一个好的衔接窗口来帮助转化用户，从而提升快手电商的业绩水平。

快分销完善的供应链及达人主播矩阵带来的是丰富的主播"带货"品类与物流速度的加快。分销交易金额占比越高，商品互通越多，互相售卖业态越繁荣，就能优化整个快手电商生态，带来更多增量。

达人可以在快分销中找到海量优质商品，直接将其加入货架，并通过开通快分销推广权限来获得佣金，如图7-17所示。自建快手小店商家也可以在这里找到更多的达人来推广自己的商品。

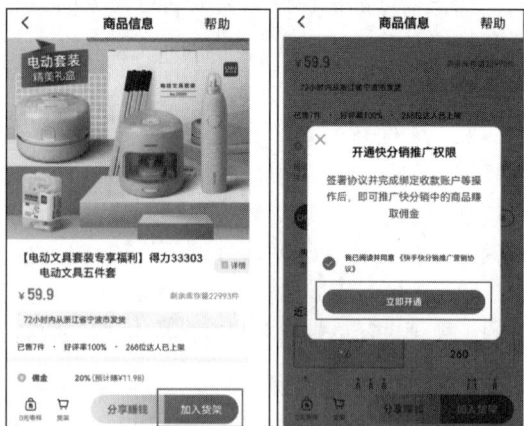

图7-17　加入货架，开通快分销推广权限

知识窗

开通快分销的商家可以为商品设置佣金，并将商品上传至快分销的商品库，进入快分销商品库的商品将出现在选品库供达人挑选。达人可选择商品并将其上传到自己的推广货架中，通过短视频、直播间、店铺等多种方式进行售卖，产生订单且订单完成后，平台按期与商家和达人分账结算。

7.4　快手直播引流

很多人选择在快手开直播，而流量是影响直播效果的关键因素。下面介绍快手直播引流常见的方法。

课堂讨论

快手直播引流的常见方法有哪些？

7.4.1　发布直播预告引流

在快手直播"带货"的商家都希望能提前进行预热活动，让更多人知道自己的直播。通过快手的"直播预告"功能，直播预告将出现在个人主页、直播间及关联的视频作品中，全方位为直播引流。下面将介绍发布直播预告的具体操作步骤。

（1）登录快手App，进入直播界面，点击"更多"按钮，如图7-18所示。

（2）在打开的界面中点击"直播预告"按钮，如图7-19所示。

图7-18　点击"更多"按钮　　　　图7-19　点击"直播预告"按钮

知识窗

　　快手直播的站内预热引流方式主要有作品引流、动态引流和粉丝团引流。

　　（1）作品引流。主播在开直播前可以对之前上过热门的作品重新进行付费推广，或者发布直播预告短视频。作品要与本次直播内容相关，直播预告要能够引起粉丝的好奇心和期待感，让他们等候开播。另外，直播预告短视频也可购买付费推广，以此来增加直播间的流量。

　　（2）动态引流。快手主页有一个动态页面，类似于微信的朋友圈，主要用来发布日常动态。主播可以充分利用这一功能，在平时多发动态，建立与粉丝之间的情感连接，在直播之前发布直播预告内容。

　　（3）粉丝团引流。当用户关注主播并加入粉丝团以后，只要主播开播，快手平台就会自动向粉丝推送直播提醒，粉丝看到以后，可以直接点击进入直播间观看。

（3）打开"直播预告说明"界面，点击"知道了"按钮，如图7-20所示。

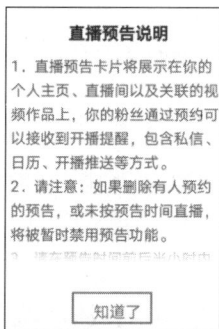

直播预告说明

1. 直播预告卡片将展示在你的个人主页、直播间以及关联的视频作品上，你的粉丝通过预约可以接收到开播提醒，包含私信、日历、开播推送等方式。

2. 请注意：如果删除有人预约的预告，或未按预告时间直播，将被暂时禁用预告功能。

知道了

图7-20　"直播预告说明"界面

（4）选择预告直播时间，输入直播内容，点击"创建预告"按钮，如图7-21所示。

（5）提示"预告发布成功"，如图7-22所示。

图7-21 创建直播预告

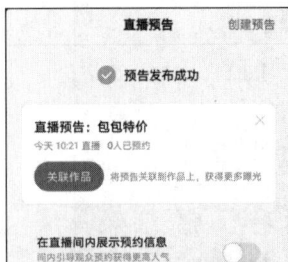

图7-22 预告发布成功

7.4.2 优质优价商品引流

优质优价是指以有优势的价格销售优质的商品。通过"优质优价"策略，主播不仅可以释放创造力，还能从商品销售中获得更多利润。

（1）直播"带货"需要极快的商品更新速度。参与直播"带货"的粉丝有较强的重复性，如果缺乏新品，粉丝则会对直播慢慢失去兴趣，而"优质优价"能吸引到更多粉丝跟主播合作，保证上新速度。

（2）直播"带货"对后端服务能力要求很高。主播如果缺乏后端服务能力，没有跟供应链合作，售后就会异常被动。

（3）直播"带货"需要资金优势。主播应跟有强资金后盾的供应链合作。好的供应链商品数量多、品类全、技术新，还能凭借资金优势进行集中采购，进一步管理风险。

🎓 小提示

商家需要不断提供品类丰富、数量庞大的优质优价商品，从而满足粉丝需求。一旦主播的成交转化率趋于趋定，就能吸引更多优质的商家以低价进行合作。由此，粉丝更愿意下单，主播"宠粉"力度自然也就水涨船高，二者关系继而进一步得到巩固。

7.4.3 向"大V"借流量

对于一个新主播来说，其涨粉非常困难。新主播可以通过刷礼物、发红包赢得曝光机会和连线对战的方式向"大V"借流量。

1. 刷礼物、发红包

新主播通过给"大V"直播间刷礼物或向其发红包，能有效赢得曝光机会。例如，某"大V"在直播间卖货时，很多新主播都来刷礼物寻求曝光机会。新主播也可以去各大"网红"直播间刷礼物，这样会吸引许多人的眼球，从而增加了曝光率。当然，在提升热度过程中，新主播需要适当地向用户暗示自己是优质主播，则用户关注新主播的可能性较大。

2. 连线对战

连线对战让直播间有了更多的趣味性和观赏性，连线对战在提升主播收益的同时，也为名气较低的主播带去流量和人气。如果连线的主播用户数量足够大，那么有助于新主播最后实现用户转化。例如，在与"大V"连线时，主播可以通过抽奖、送手机话费等方式吸引用户的注意，并借此引导用户加群，承诺从群中抽取奖品。

在直播间底部点击"连线对战"按钮，系统会提示用户是选择随机匹配的模式还是和好友进行连线，如图7-23所示。选择邀请好友之后，系统就会出现用户的好友列表。如选择随机匹配，系统会随机匹配与用户基本相同的玩家进行连线对战。在连线成功的时候，系统随机提示游戏的类型，每种游戏的类型时间大约是5分钟，如不想玩这个游戏，用户则可以直接选择结束，系统会重新提供一个新的游戏。

图7-23　连线对战

7.4.4　今日"爆款"

今日"爆款"作为聚人气和"爆款"预告功能的升级版，是商家在直播间展示商品的营销工具。商家可通过提前曝光"爆款"商品来有效提升直播间人气、提高直播间留人能力，从而提高用户下单转化率和商品销量。点击直播间右上角"今日'爆款'"按钮可以看到已设置的商品，如图7-24所示。

今日"爆款"的主要功能如下。

（1）快速提升直播间在线人数，同时通过提前曝光"爆款"商品，留住用户。

（2）可设置商品的卖点，快速提升用户下单转化率。

（3）可快速和用户建立信任。

（4）每次最多可同时展示10个商品，并可对已上车和未上车的商品设置展示。

（5）对未上车的商品可通过设置开卖时间来留住用户。

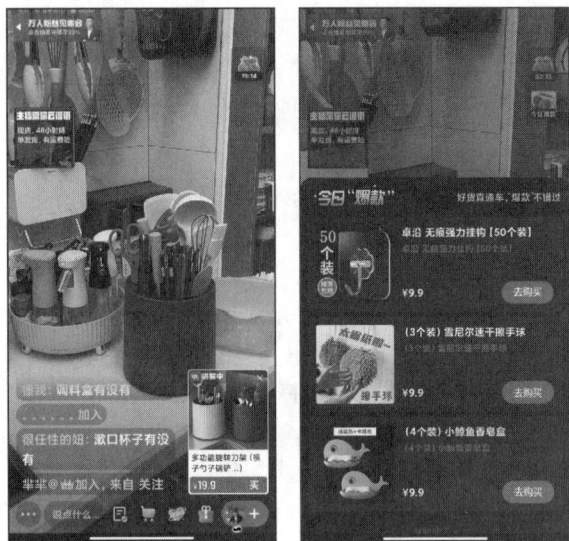

图7-24　点击"今日'爆款'"按钮

7.4.5　构建账号矩阵引流

通过账号矩阵实现引流是许多主播使用的一种方法和技巧。账号矩阵就是一个品牌同时创建并运营多个短视频账号的形式。每个账号的运营侧重点有所不同，这些账号之间互相引流、转发、评论，形成一个流量循环的品牌宣传链。

1．账号矩阵引流机制

账号矩阵的逻辑是以大IP为流量池中心，并对流量池进行细分将其转化为垂直流量，从而实现流量的二次和三次转化。大型企业的业务基本上都是面向全国的，如果只有一个官方账号，是没办法在短期内做到具备强大的传播力和影响力的。但是如果利用企业在各地的分公司来创建子账号，进行分地域覆盖，就可以把宣传的绩效考核逐级下发到各个子公司，从而提高工作效率。在一个主账号下再开设N个专项账号，可以此构成完整的商品宣传体系。当用户较多时，可以通过账号矩阵来收集流量并加以充分利用。图7-25所示为海尔在快手创建的账号矩阵。

图7-25　海尔在快手创建的账号矩阵

目前，很多主播的大小号已经打通了不同商品的门类，覆盖了不同年龄段的用户群，并在不同的高峰期开始直播，形成了大小号相互"带货"与引流的协同增长效应。

2．账号矩阵引流变现应注意的细节

无论是一个单一的账号还是一个账号矩阵，其目的都是实现引流及变现。因此，主播在创建账号矩阵时应注意细节（见表7-2），否则不但不会增加流量，还很有可能在运行过程中被降权或被封禁。

表7-2　账号矩阵引流变现应注意的细节

序号	内容
1	在做账号矩阵之前，必须将每个账号作为一个独立的系统来运营
2	操作前要注意账号和IP地址。另外，不要总是对别人的作品进行点赞评论，因为这样会导致系统认为这个账号是做营销的，并有可能被降权
3	做账号矩阵应统一定位，各个账号的目的要相同，如都是推广企业品牌或者商品。账号定位不能有太大的跨度，否则会精力分散，不易取得效果
4	最好发布内容到有相似算法的平台上，这样才会出现1+1>2的效果
5	无论是做单号还是做矩阵，好内容在哪里，用户就在哪里。内容矩阵可抓住短视频获得红利的机会，而单一账号的发展有局限性，通常需要扩展品类才可能获得更多用户
6	每个账号要有不同的内容，各个账号的内容可以分属不同的子领域，否则无法得到短视频平台的推荐，账号之间也无法实现互相引流

7.5 快手直播商品配置

微课视频

快手直播
商品配置

通过对商品进行有计划的配置，直播运营团队可以让整个直播营销活动在符合用户消费习惯和商品属性的前提下，有目的、有组织地进行。

7.5.1　按商品功能配置

按照商品在直播间功能的不同，直播间展示的商品可以分为印象款商品、引流款商品、利润款商品、"宠粉"款商品四种类型，如图7-26所示。在整个营销的过程中，这四种商品发挥着不同的作用。

印象款商品

引流款商品

按商品功能配置

利润款商品

"宠粉"款商品

图7-26　按商品功能配置

1．印象款商品

印象款商品即能给用户留下深刻第一印象的商品。印象款仅会占商品销售中极小一部分，目的就是提升形象。这种商品一般是

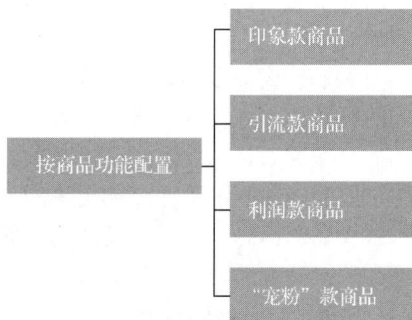

用户在直播间达成第一笔交易的商品，其价格、质量、特点都将会直接影响用户对主播、直播间及直播间商品的整体印象。如果用户对印象款商品的印象良好，很可能会再次光顾直播间。

小提示

直播运营团队一般需要选择性价比较高、客单价较低且实用的常规商品作为印象款商品。例如，以美妆商品为主的直播间可以选择化妆刷、面膜等作为印象款商品，以女装商品为主的直播间可以选择打底衫等作为印象款商品，以包包为主的直播间可以选择零钱包、钥匙包作为印象款商品。

2. 引流款商品

引流款商品就是吸引用户在直播间停留的商品，可以刺激阶段性销售，截留新用户。引流款商品可培养用户的观看习惯，低客单价的商品可提高销售量。

引流款通常是性价比高的商品，并常常以成本价，甚至低于成本价销售。直播运营团队需要选择目标用户群体中绝大部分用户可以接受的商品作为引流款商品，并为其设置一个几乎不需要决策成本的价格，如1元、9.9元等。

在直播间，引流款商品一般会用于直播开始前半个小时的热场活动。直播团队可以先用低价吸引用户，再快速提升直播间的购物气氛，为直播营销打造一个效果良好的开端。

小提示

每个直播间都需要引流款商品，它们为直播间获取流量打下了坚固的基础。因为价格较低的商品才更有可能让用户下单，从而吸引更多流量，进而增加利润款商品的曝光度。

3. 利润款商品

利润款商品是直播间用来赚取利润的商品。这部分商品一般品质高，有独特之处，用户对这类商品的价格敏感度不高，愿意消费，并且有能力消费。由于利润款商品的市场竞争相对较小，这部分商品应该占商品结构和实际销售中的最高份额，即60%以上。

利润款商品虽然影响直播间的销售收入，但价格不宜过高。如果想要带动直播间的销量，那么利润款商品的品质要让用户感到满意，定价要让用户感到实惠。

一般而言，利润款商品上架的时段应是直播间人气和流量较高时。这样一来，主播就能确保利润款商品被更多的人看到，并且通过主播反复讲解，用户会更多地了解商品的信息。在流量较高的时候，主播应适当拉长商品的讲解时间，反复强调商品的价格或活动，以此提高商品的转化率。

在选择利润款商品的时候，直播运营团队需要深度挖掘数据，精准分析特定人群的偏好和需求，包括款式、风格、价格、卖点等，确保商品有精准的用户群体。

4. "宠粉"款商品

"宠粉"款商品，也叫专属福利款商品，是直播运营团队为加入粉丝团的用户专门提供的商品。直播间的其他用户只有加入粉丝团后，才有机会抢购"宠粉"款商品。"宠粉"款商品的特点是低价、高品质。例如，正常售价为59元的商品，加入粉丝团的用户可以以9.9元的价格购买。

通常情况下，一场直播可以设置较高数量比例的"宠粉"款商品。"宠粉"款商品的推荐可穿插在印象款商品、引流款商品和利润款商品的推荐之间。

当然，这种推荐路径并不是固定的，直播运营团队可以根据直播经验进行适当调整。有些商品既是利润款，又是引流款，而"宠粉"款也可能是引流款。在不同的营销阶段，直播运营团队要根据营销目标进行商品的定位或转换定位，由于商品可能存在多种销售目的，直播运营团队要对商品进行深度了解，灵活判断商品在不同营销阶段的定位。

7.5.2　按商品销量配置

根据直播间一定时间的商品销售数据，直播间的商品可分为畅销商品、主打商品、潜力商品3个类型，如图7-27所示。

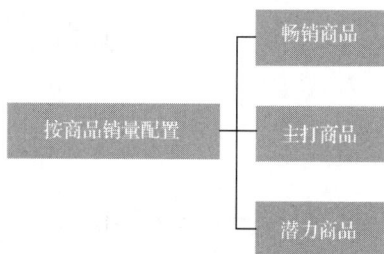

图7-27　按商品销量配置

1. 畅销商品

畅销商品是直播电商的主力销售单品，属于销售量排在前列的商品，短期内具有引流和保证销售额的作用。商家要重点讲解此类商品，以更好地实现拉新。畅销商品一般是有时效性的，往往只能给直播间带来短期的突出销量。畅销商品火爆之后，销量会下滑，甚至成为需要被淘汰的滞销商品。例如，夏季来临时，空调畅销，但是过了这个时期，空调的销量可能就会锐减，就不再适合销售了。

因此，在畅销商品的选择上，直播运营团队要注意时机的把控。

2. 主打商品

主打商品是直播间赚取利润的商品，毛利率较高，具有引流和保证利润的作用。在推荐时将主打商品与新品相结合，可带动新品销售。主打商品一般是持续热销的商品，时效性不强，在全年内都有不错的销量，一般不会受到季节的影响。

直播间主打商品可以选择销量高、用户评价好、符合主播定位、符合直播间风格的商品，这样的商品也可以看作代表主播和直播间的形象商品。

3. 潜力商品

潜力商品是未来可能会成为畅销商品或主打商品的商品。直播运营团队一般可以通过用户评价来寻找潜力商品。通常情况下，潜力商品的评分可能是中等偏上的。例如，商品的满分为10分，潜力商品评分可能会在6～8分。

对于潜力商品，直播运营团队要认真了解用户的好评和差评的内容，了解哪些方面是让用户满意的，是需要保持的，哪些方面是用户不满意的，是需要改进的。

🎓 小提示

相对来说，用户对潜力商品感到不满意的地方，直播运营团队进行弥补后，可能会成为这类商品在未来占据市场的优势。

7.5.3 按商品用途配置

按照商品不同的用途，直播间商品可以分为两类，即基础商品和利润商品，如图7-28所示。

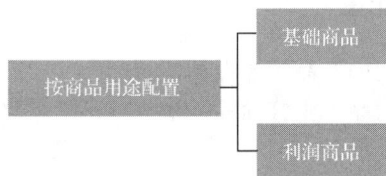

图7-28 按商品用途配置

（1）基础商品又称经典商品，其特点是销量大且稳定、评价好，用户往往不需要经过太多思考就会购买。

（2）利润商品则是指那些利润空间较大的商品，是直播间的主要盈利商品。

在一场直播中，直播运营团队既要保证商品的销量，又要打造直播间互动气氛，让用户始终保持购买热情，就需要将这三类商品进行组合销售。

7.6 快手直播粉丝维护

主播通过粉丝维护让粉丝留在直播间，粉丝在直播间停留时间越长，越有可能消费。下面介绍快手直播间粉丝维护，包括把握粉丝需求、倾听粉丝声音、寻找粉丝兴奋点、用主播个人魅力留住粉丝。

7.6.1 把握粉丝需求

主播必须把握好粉丝的需求，依据粉丝需求才能够更好地优化直播内容、激发粉丝的购物热情、提高直播间的销售额。

主播开展直播是为了销售商品，但粉丝观看直播却不一定是为了购物。粉丝对直播也有一定的娱乐需求。如果主播只是满足粉丝的购物需求，不断地推销商品，那么粉丝在购买商品后就会退出直播间，难以留存。所以，主播应满足粉丝购物和娱乐两方面的需求，在推销商品的同时也要让直播内容具有娱乐性，这样才能够留住粉丝。

主播在满足粉丝购物和娱乐需求的同时，还要把握好这两方面内容的比例，否则会影响直播"带货"的效果。适当的娱乐性内容能够更好地留住粉丝，但是当直播中娱乐性内容过多时，就会分散粉丝对商品的注意力，不利于商品销售。

当主播展示商品时，粉丝有可能从主播的每个小动作中看出商品是否适合购买；此外，主播偶尔讲一些笑话，不仅能提高粉丝黏性，而且还能活跃直播间的气氛。

7.6.2　倾听粉丝声音

主播要想把握粉丝的需求，就要学会倾听粉丝的声音。倾听是一种艺术，也是一种技巧。主播可以通过以下方式倾听粉丝的声音，了解粉丝的需求，如图7-29所示。

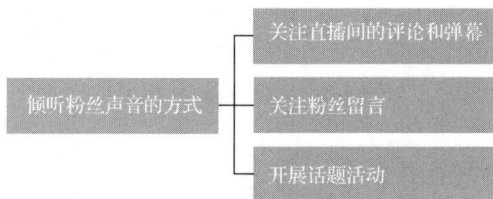

图7-29　倾听粉丝声音的方式

1. 关注直播间的评论和弹幕

关注直播间的评论和弹幕是主播倾听粉丝需求的基本途径。在直播结束后，主播要观看直播回放，分析直播中的评论和弹幕，以便了解粉丝的想法。粉丝发送的评论和弹幕是其对直播内容最直接的反应，主播通过分析这些评论和弹幕能够清晰地认识到自己的直播出现了哪些问题，以及应该如何优化直播内容。

2. 关注粉丝留言

除了在直播间发送评论和弹幕以外，粉丝也会在粉丝群或主播发布的微博中发表自己的看法，这些内容对于主播而言也是十分重要的。主播要时常关注粉丝群的讨论或留言，也可以通过粉丝群和粉丝进行交流，了解粉丝的需求。

3. 开展话题活动

主播可以通过开展话题活动的方式，有针对性地了解粉丝的需求。例如，主播可以在粉丝群开展"欢迎说一说主播的特点"等话题活动，鼓励粉丝积极参与，通过这种主动制造话题的方式激发粉丝的讨论，从讨论中了解粉丝的需求。

> **小提示**
>
> 　　在挖掘粉丝需求方面，倾听粉丝的声音是必不可少的。主播除了采取各种方式倾听粉丝的声音以外，还要注意倾听粉丝的声音是一个长期的过程。粉丝的需求是不断变化的，主播需要经常倾听粉丝的声音，以便能够及时、准确地优化直播内容。

7.6.3　寻找粉丝兴奋点

　　商品的核心优势是吸引粉丝的地方，主播需要在了解粉丝需求的基础上寻找粉丝的兴奋点，聚焦商品的核心优势，打造商品的核心卖点，突出商品的与众不同之处。主播可以从以下两个方面入手（见图7-30），寻找粉丝的兴奋点，以更加准确地进行商品推荐。

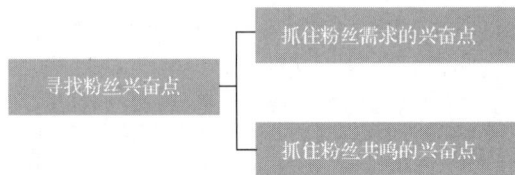

图7-30　寻找粉丝兴奋点

1. 抓住粉丝需求的兴奋点

　　主播在推销商品前要充分考虑商品受众的普遍特性：粉丝对商品有需求，是因为商品的某项功能切中了粉丝的兴奋点。因此，主播在推销商品时需要向粉丝反复强调商品的核心卖点，激发粉丝的购物热情。

　　例如，某主播就在直播间向粉丝推荐了一款祛痘霜，并通过介绍祛痘霜核心卖点的方式抓住了粉丝需求的兴奋点。市面上的祛痘霜有很多种，单纯的祛痘功效并不能真正切中粉丝需求的兴奋点。而这位主播推荐的这款祛痘霜不仅有祛痘功效，还能够有效祛除痘印，让粉丝摆脱痘痘的困扰。这显然是这款祛痘霜的核心卖点，也是粉丝需求的兴奋点。由于主播准确地抓住了粉丝需求的兴奋点，激发了粉丝的购物热情，因此有痘痘烦恼的粉丝纷纷下单购买了这款祛痘霜。

2. 抓住粉丝共鸣的兴奋点

　　有时候，主播推销的商品并不一定是粉丝必须购买的商品，但是粉丝依然愿意购买，就是因为主播在介绍商品的过程中激发了粉丝的共鸣，让粉丝愿意为这些非必需品买单。主播在介绍非必需品时可以通过营造场景激发粉丝共鸣，从而抓住粉丝共鸣的兴奋点。

　　在寻找粉丝共鸣的兴奋点方面，主播可以通过打造商品的核心卖点，激发粉丝的共鸣，强化粉丝对商品的需求。这样能够激发粉丝的购物热情，从而提升商品的销量。

7.6.4 用主播个人魅力留住粉丝

主播的个人魅力是留住粉丝的一个非常重要的因素。主播的个人魅力体现在以下几个方面。

（1）语言有特点。主播要能说会道，掌握高超的说话技巧，比如幽默搞笑、使用个性化的语言等。

（2）有礼貌。主播在粉丝送礼物时要说声"谢谢"，这样才能让粉丝感到主播在意他们，这也是一个很好的留人方法。

（3）性格好。粉丝都喜欢阳光积极向上的主播，因为情绪是会传染的。如果直播间充满了正能量，粉丝也会多停留。

（4）多才多艺。主播应有多项特长，在需要的时候大展身手，更加能够获得粉丝的喜爱，也就留住了粉丝。

7.7 化解直播危机

主播在直播过程中，要做好遇到各式各样意外的准备，要重视直播过程中突发事件现场处理的策略，化解直播危机。

7.7.1 解决直播中说错话问题

几乎所有主播都会遇到说错话的问题，如准备好的台词忽然忘了、说错品牌方的名字……有经验的主播可以在很短的时间内化解尴尬，随机应变，让意外变成塑造个人形象的机会。

要想解决直播中说错话问题，应掌握以下技巧，如图7-31所示。

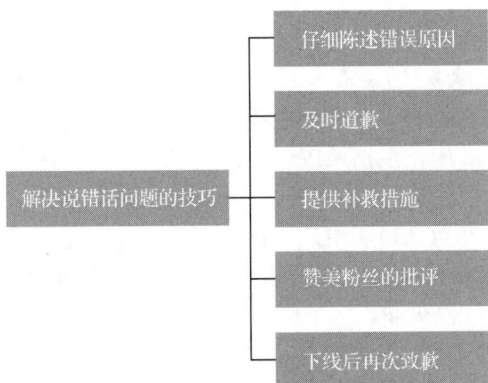

图7-31 解决说错话问题的技巧

1. 仔细陈述错误原因

主播在直播时出现错误后，要及时对粉丝说明，陈述错误的原因，对粉丝坦诚相待，让粉丝感受到自己的诚意。主播含糊其词的道歉，不仅不能解决问题，反而会让粉丝感到主播在敷衍，粉丝不满的情绪会更加强烈。

某厨师主播的做法就非常值得学习。在粉丝表示该主播选用的食材有可能属于国家保护动物后，主播第一时间录制视频。他首先和粉丝进行诚挚的道歉，随后展示相关食材并非野生，而是从拥有专业养殖许可证和经营利用证的人工养殖场中购买的。主播这种态度自然赢得了粉丝的好感，没有将事态扩大。

2. 及时道歉

主播要及时道歉，尤其在互联网时代。就像某主播，众多网友质疑其整容。但是该主播却选择置之不理，直到话题发酵至全网，该主播迫于压力才选择道歉与说明。但最佳时机显然已过，该主播虽然写了几千字的道歉文，但是还有不少粉丝认为这不过是敷衍，他们认为如果话题没有发酵该主播就不会道歉。所以，主播说错话时道歉要及时。

3. 提供补救措施

道歉的同时还应提供补救措施。对于不严重的错误，主播不妨给粉丝发红包，并表示"感谢大家的监督，我一定虚心接受"；对于较为严重的错误，主播除了向粉丝进行道歉，还应当采取其他补救措施，比如退货、赠送礼品等，可通过这样的补救措施表现出主播自己的态度。

4. 赞美粉丝的批评

主播在道歉的时候，要赞美粉丝，为粉丝的批评和监督行为点赞，让粉丝感受到主播不是心胸狭窄的人。

在道歉正式结束前，主播不妨这样表达："再次感谢大家对我的监督，我虚心接受大家的意见。我要特别感谢×××和×××及时发现了问题，还有在这里对其他粉丝一并表示感谢。你们的批评是对我的督促，未来我还会一如既往地倾听你们的意见！"

5. 下线后再次致歉

对于比较严重的直播失误，即便主播现场做出了有效的处理，但为了避免事件发酵形成互联网负面效应，主播还应该在公众平台向粉丝再次道歉、解释，说明原因。解释要真诚，让粉丝觉得主播很重视粉丝情绪。

需要注意的是，在致歉声明中，主播要表现出诚恳的一面，而不是过多为自己辩解、找台阶。如果粉丝发现主播的道歉只是停留在表面上，或是主播口服心不服，那么势必会引发轩然大波。

7.7.2 解决直播技术故障

直播技术故障属于客观因素造成的突发状况，如直播中断、直播没有声音、直播画面卡顿、直播闪退等。任何技术故障的出现，都会严重影响直播体验，导致用户流失、业绩惨淡。一旦出现技术故障，场控需要具体问题具体分析，并寻求解决办法。图7-32所示为常见的直播技术故障。

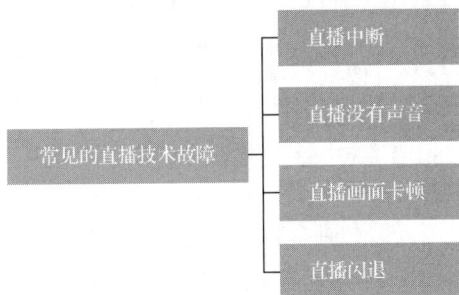

图7-32　常见的直播技术故障

1. 直播中断

一般来说，造成直播中断的原因有两种：一是网络问题；二是直播内容违规，被直播平台处罚了。

场控要先检查直播间使用的网络是否能保证直播的正常运行，如果是网络不稳定造成的直播中断，场控与主播切换到网络稳定的区域直播就可以了。在条件允许的情况下，场控可以为直播间单独配置一根网线，并采用高配置的设备，以保证直播的流畅。

如果场控检查网络后，确定不是因为网络问题造成的直播中断，就要考虑是不是直播内容违规，被平台处罚了，然后根据具体情况寻找解决方法。

2. 直播没有声音

若直播时没有声音，会影响用户的体验及商品的流量，所以场控要特别关注这个问题，发生该问题时要及时解决。在只有画面没有声音的情况下，场控可以从视觉角度想办法吸引用户的注意力，让他们继续留在直播间，等待问题妥善解决。此时，场控可以采用晃动道具、在白纸上写字等方法来吸引用户的注意力。

3. 直播画面卡顿

造成直播画面卡顿的原因通常有两种：一是网络较差，此种情况下，场控可参考前文给出的方法来解决；二是直播设备配置较差，无法流畅直播，此时场控需要更换配置高的设备直播。

4. 直播闪退

直播闪退的原因可能是设备内存被其他程序占用，也可能是设备本身内存空间不足。面对闪退，场控较好的处理方法就是退出当前直播，然后重新登录账号并开启直播。

7.8 快手直播规范

快手主播必须遵守规范，并维护积极、健康的直播环境，对直播封面、直播标题、直播内容、连麦用户、麦序信息、公屏言论等使用直播服务所产生的内容负责。否则，快手平台有权依据直播事实及影响程度，对违规内容及主播做出处罚。

直播机构与旗下主播应遵守快手直播管理规范等各类平台规则以及平台相关协议。快手直播规范如下。

（1）严禁在直播中发布、传播含有违法有害信息的内容。

（2）主播应当规范自己的直播行为，生产合法、健康的直播内容。

（3）主播在直播中应当着装整洁、规范，穿着得体，严禁主播在直播中展示不当着装的行为。主播直播时，衣着形象等不应违反社会公序良俗，仪容仪表宜反映其直播商品或服务的特性。

（4）主播在直播中应当行为举止得体，严禁主播在直播中实施或传播含不当行为的举止。

（5）主播在直播中语言表达应当得体，严禁主播在直播中传播含有不当言论的内容。

（6）主播在直播中应遵守快手平台管理规范，严禁主播在直播中出现扰乱平台管理秩序的行为。

（7）用户在使用视频直播服务时，必须向快手提供准确的用户个人资料。如用户提供资料不实，快手有权拒绝提供视频直播服务；如用户个人资料有任何变动，必须及时更新并通知快手进行审核。

（8）用户不得将其账号、密码转让或出借给他人使用。

素养提升

某些直播间退货率为什么高达30%

相关调查显示，某些直播间的退货率高达30%，而线下实体店的退货率通常不会超过3%。那么，是什么导致了直播间如此之高的退货率？冲动购物、商家的虚假和夸大宣传、尺码不对、商品质量问题、发错货、价差问题等都可能是退货的原因。

在直播电商行业中，用户大多是出于信任主播和购物冲动来购买直播商品的，而想要赢得用户长期的信任，主播必须对自己所宣传的商品负责。用户下单后，主播和商家不仅要保证及时发货、配送，还要保证商品质量。购买直播商品的用户大都是主播的粉丝，一旦商品出现质量问题，口碑下滑，粉丝就很容易流失，从而会导致销量下滑。

课堂实训

课堂实训一：开通快手直播

开通快手直播的具体操作方法如下。

（1）打开并登录快手App，点击"☰"按钮，在打开的侧边栏中点击"设置"按钮，如图7-33所示。

（2）进入"设置"界面，选择"开通直播"选项，如图7-34所示。

（3）打开"实名认证"界面，输入真实姓名和证件号码，选中底部的"已阅读并同意相关协议"单选按钮，点击"同意协议并认证"按钮，如图7-35所示。

（4）在打开的界面中进行人脸识别，提示"已通过"，点击"我知道了"按钮，如图7-36所示。进入聊天室，点击"开始聊天直播"按钮即可，如图7-37所示。

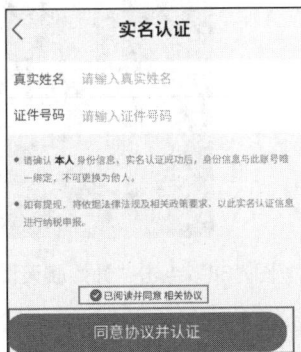

图7-33　点击"设置"按钮　　图7-34　选择"开通直播"　　图7-35　点击"同意协议
　　　　　　　　　　　　　　　　选项　　　　　　　　　　并认证"按钮

图7-36　点击"我知道了"按钮　　图7-37　点击"开始聊天直播"按钮

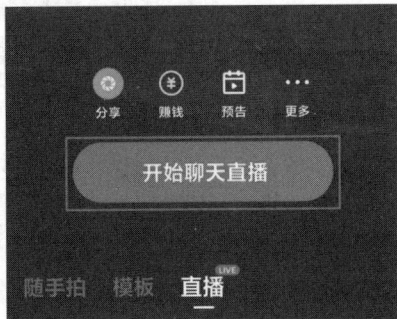

课堂实训二：快手直播付费引流

在快手平台直播时，如果直播间的人气不高，商家可以进行付费推广。快手平台每引入一位新用户的推广费为1快币，即0.1元，商家在选择想要引入的用户数量后就可以看到金额。商家的出价越高，引入的用户数量就越多，引入速度也就越快，所以在直播高峰期，商家可以适当出高价，以快速提升直播间的人气。

下面介绍如何在快手直播间进行付费推广，具体操作步骤如下。

（1）在"直播"界面点击"开始聊天直播"按钮，如图7-38所示。进入快手直播间，点击"更多"按钮，如图7-39所示。

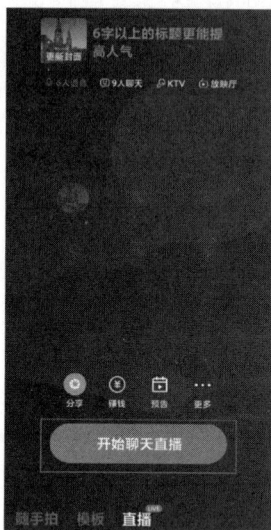

图7-38　点击"开始聊天直播"按钮　　　　图7-39　点击"更多"按钮

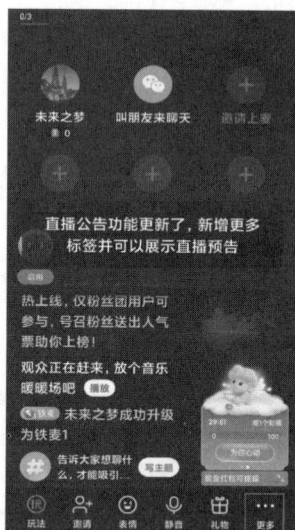

（2）在打开的界面中点击"上热门"按钮，如图7-40所示。

图7-40　点击"上热门"按钮

（3）打开"直播推广"界面，设置"预计带来直播观看数""下单金额""出价方式""每直播观看推广费"等，如图7-41所示。

（4）设置"推荐给我想吸引的人""期望投放时长"等，如图7-42所示。支付后，即可开启直播推广。

图7-41　设置直播推广

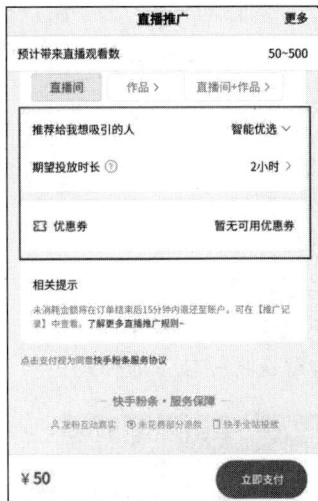

图7-42　设置其他选项

本章自测题

一、填空题

1. _____是一个电商平台，可以帮助达人和商家高效地实现交易，带给用户沉浸式的购物体验。

2. 快手直播的站内预热引流方式主要有_____、_____、_____。

3. 快手直播常见的选品渠道有_____、_____、_____、_____。

4. _____将出现在个人主页、直播间及关联的视频作品中，全方位为直播引流。

5. 一般来说，直播中断的原因有两种：一是_____；二是_____，被直播平台处罚了。

二、选择题

1. 快手算法以（　　）的方式为主。

　　A．去中心化　　　　　　B．基于信任　　　　　　C．中心化

2. （　　）是指在直播过程中，同步上架几款备选商品，在不对其进行讲解的情况下观察它们的自然点击和转化数据。

　　A．短视频测品　　　　　B．直播间挂链接　　　　C．直播间互动

3．（　　）是指主播在开直播前可以对之前上过热门的作品重新进行付费推广，或者发布直播预告短视频。

    A．粉丝团引流   B．动态引流   C．作品引流

4．（　　）是指以有优势的价格销售优质的商品。

    A．好物推荐   B．优质优价   C．今日"爆款"

5．（　　）就是吸引用户在直播间停留的商品，可以刺激阶段性销售，截留新用户。

    A．引流款商品   B．印象款商品   C．利润款商品

三、简答题

1．快手平台的特点有哪些？

2．测品的方法有哪些？

3．怎样把握粉丝需求？

4．怎样寻找粉丝兴奋点？

5．怎样解决直播技术故障？

任务实训——快手小店开店

为了更好地理解快手开店的过程并掌握相关的基础知识，我们将进行下述实训。

一、实训目标

1．掌握快手小店的开通。

2．掌握快手直播选品。

3．掌握快手直播引流方法。

二、实训内容

1．开通快手小店，并在快手小店发布商品。

2．测品的方法，从不同渠道选择直播商品。

3．多渠道宣传能够让更多用户了解直播信息。可通过发布直播预告、质优价商品、向"大V"借流量、今日"爆款"、构建矩阵账号等方法引流。

三、实训要求

1．在快手直播。

2．要有完整的开店过程。

3．根据直播引流过程中存在的问题，提出针对性的建议，以优化直播引流的效果。